Erste Hilfe – interaktiv!
Das bietet Ihnen die CD-ROM

Videotraining:
In einem virtuellen Vorstellungsgespräch testen Sie Ihre Fähigkeiten. Üben Sie die besten Antworten ein. Klicken Sie sich durch die Fragen, ein Experte sagt Ihnen, was Sie richtig, was Sie falsch machen.

Hördialoge:
Von anderen lernen – dank der Audiodateien zum Anhören. Sie sind bei vielen Vorstellungsgesprächen live mit dabei. Der Experte erklärt Ihnen die Fallen und Fehler.

Bewerberquiz:
Das multimediale Bewerberquiz bietet Ihnen ein Komplett-Training für Ihre Bewerbung – von der Bewerbungsmappe bis hin zum Vorstellungsgespräch. Klicken Sie die Antworten an, ein Experte bewertet Sie.

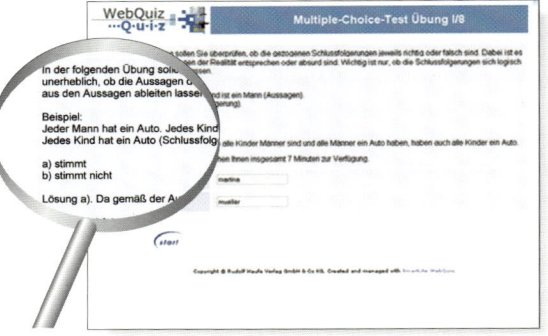

Einstellungstest:
Multiple-Choice-Tests helfen Ihnen, sich schnell auf Einstellungstests vorzubereiten. Einfach die Antworten anklicken, am Ende erfolgt die Auswertung.

Musterbewerbungen:
Wählen Sie auf der CD-ROM das Muster aus, das Ihrem Profil am besten entspricht. Übernehmen Sie es direkt in Ihre Textverarbeitung.

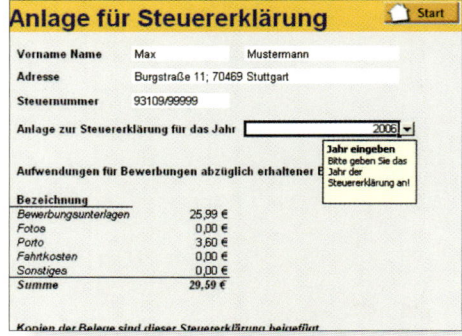

Bewerbungskosten:
Behalten Sie mit der Bewerbungsverwaltung den Überblick über Ihre Bewerbungskosten und nutzen Sie sie für Ihre Steuererklärung.

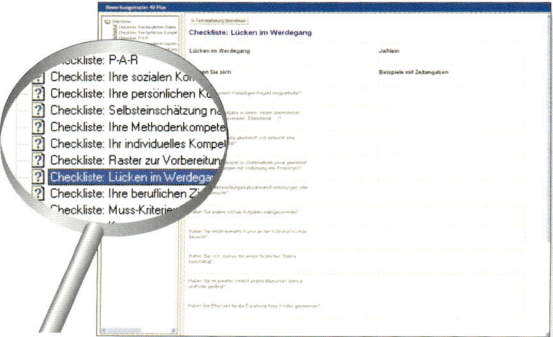

Checklisten:
Überprüfen Sie anhand detaillierter Checklisten den Stand Ihrer Bewerbungen und ob Sie alles richtig gemacht haben. Suchen Sie über direkte Links gezielt nach offenen Stellen im Internet.

Christoph Hagmann
Jasmin Hagmann

Die besten Bewerbungsmuster für kaufmännische Berufe

Mit CD-ROM

Inhalt

Vorwort	5
Ihre Bewerbung	7
Erste Schritte	7
Was können Sie? Was haben Sie einem Unternehmen zu bieten?	7
Die Stellenanzeige	10
Eigeninitiative zeigen	12
Was Netzwerke bei der Jobsuche bringen	17
Mit dem Arbeitgeber Kontakt aufnehmen	19
Darauf kommt es bei der Bewerbungsmappe an	22
Bewerbungsmuster Ausbildung und Berufsanfänger	37
Bewerbung um eine Ausbildungsstelle zur Werbekauffrau (19 Jahre, voraussichtliche Abiturnote: gut, verschiedene Praktika)	39
Bewerbung um eine Ausbildung zur Reiseverkehrskauffrau (Abiturnote: 2,1; Praktikum in einem Reisebüro; Au-pair in den USA)	47
Bewerbungsmuster für Angestellte mit Berufserfahrung	53
Bewerbung einer Bürokauffrau (34 Jahre, mehrjährige Berufserfahrung, Wechel von Teil- auf Vollzeit)	55
Bewerbung als Veranstaltungskauffrau (Bürokauffrau, 33 Jahre, Mutterschutz zur Weiterbildung genutzt)	63
Bewerbung eines Hotelkaufmanns (langjährige Berufserfahrung, Personalverantwortung, sucht neue Herausforderung)	71
Bewerbung einer pharmazeutisch-kaufmännischen Angestellten (PKA) (langjährige Berufserfahrung, eine Tochter, Pendlerin, sucht wohnortsnahe Anstellung)	79
Bewerbung eines Einzelhandelskaufmanns (Abteilungsleiter, Bereich Lebensmittel, sucht neue Anstellung, da seine Filiale geschlossen wird)	87

Bewerbung eines IT-Systemkaufmanns
(27 Jahre, selbstständig als Werb-Designer und -administrator, sucht
beruflichen Aufstieg) 93
Bewerbung einer Verlagskauffrau
(mehrjährige Berufserfahrung, umfangreiche EDV-Kenntnisse, sucht neue
berufliche Herausforderung) 101
Bewerbung eines Bankkaufmanns
(30 Jahre, Filialleiter, befristeter Vertrag läuft aus) 109
Bewerbung eines Industriekaufmanns
(alleinverantwortlicher Projektcontroller, Personalverantwortung,
berufsbegleitendes BWL-Studium) 117
Bewerbung eines Immobilienkaufmanns
(34 Jahre, Diplom-Betriebswirt Fachrichtung Immobilienwirtschaft,
umfangreiche EDV- und Sprachkenntnisse) 125

Bewerbungsmuster für leitende Angestellte und Führungskräfte 133

Bewerbung eines Buchhändlers (geprüfter Betriebswirt)
(langjährige Berufserfahrung, Fortbildungskurse, solide Sprachkenntnisse) 135
Bewerbung eines kaufmännischen Leiters
(41 Jahre, Betriebswirt, Schwerpunkt Finanzen und Controlling) 143
Bewerbung als kaufmännischer Geschäftsführer
(38 Jahre, Gebietsleiter für Niedersachsen und Bremen, große Personal-
und Umsatzverantwortung) 153

Ihr abschließender Bewerbungs-Check 163

Was kommt danach? Wie geht es weiter? 167

Den Überblick bewahren 167
Das Telefoninterview 168
Das Vorstellungsgespräch 169
Das Assessment Center 171

Vorwort

Ihre Bewerbung ist Ihr Aushängeschild und vermittelt dem Arbeitgeber einen ersten Eindruck von Ihrer Person. Besonders im kaufmännischen Bereich erwartet man Präzision und Zuverlässigkeit. Diese Eigenschaften sollten sich in Ihren Bewerbungsunterlagen widerspiegeln.

Neben den formalen Kriterien einer Bewerbungsmappe spielen natürlich auch Inhalte wie Ausbildung, Aufgabenbereiche und Zusatzqualifikationen eine besondere Rolle. Diese aussagekräftig zu präsentieren ist nicht immer einfach. Wenn Sie im Anschreiben nicht die richtigen Akzente setzen und in Ihren Lebenslauf die falschen Informationen einbauen, können Personalentscheider mit Ihren Unterlagen nur wenig anfangen.

Wir wollen Ihnen mit diesem Buch zeigen, wie es geht und worauf Sie bei der Erarbeitung Ihrer ganz persönlichen Bewerbungsmappe besonders achten müssen. Um sich in diesem Ratgeber leicht zurechtzufinden, haben wir die dargestellten Lebensläufe in drei Gruppen eingeteilt: Ausbildung, kaufmännische Angestellte mit Berufserfahrung sowie leitende Angestellte und Führungskräfte.

Bei diesen Lebensläufe und Anschreiben gehen wir nicht nur auf die kaufmännischen Aspekte in den Bewerbungsmappen ein, sondern auch auf die allgemeine Gestaltung einer Bewerbung. Wie eine Bewerbung aufgebaut und gestaltet werden sollte und worauf Sie während Ihrer Bewerbungsphase sonst noch achten müssen, beschreiben wir ausführlich zu Beginn dieses Buches. Im Schlussteil finden Sie unseren abschließenden Bewerbungs-Check sowie wertvolle Informationen darüber, wie es nach dem Versenden der Bewerbungsmappen für Sie weitergeht: etwa, wie man den Überblick behält und wie man sich am besten auf ein Vorstellungsgespräch, ein Telefoninterview oder ein Assessment Center vorbereitet.

Ergänzt wird dieser Ratgeber um eine CD-ROM. Auf ihr befinden sich die von uns überarbeiteten Lebensläufe und Anschreiben zu den im Buch vorgestellten Bewerbungsmappen sowie zahlreiche Checklisten, die Ihnen Unterstützung bieten, wenn Sie Ihre persönliche Bewerbungsmappe gestalten und am Ende noch einmal genau prüfen möchten. Zudem finden Sie dort Hördialoge für das Vorstellungsgespräch, Einstellungstests sowie Mustervorlagen für Lebenslauf und Anschreiben, in die Sie Ihre persönlichen Daten nur noch einfließen lassen müssen. Ein Gehaltsrechner hilft Ihnen dabei, sich eine realistische Vorstellung Ihres Gehalts zu erarbeiten.

Wir wünschen Ihnen bei Ihrer Bewerbung viel Erfolg!

Eichenried, im März 2007

Jasmin Hagmann   Christoph Hagmann

Ihre Bewerbung

Erste Schritte

Was wollen Sie und wo wollen Sie hin?

Machen Sie sich grundsätzlich nicht blindlings daran, nach möglichen Stellen und Arbeitgebern zu suchen und ziellos Serien-Bewerbungsmappen zu verschicken. Nehmen Sie sich stattdessen die Zeit, sich ein genaues Bild davon zu machen, was Sie eigentlich wollen und welche beruflichen Ziele und Erwartungen Sie haben. Konkret heißt das:

- Wie stellen Sie sich Ihre (neue) Arbeitsstelle vor?
- Welche Bereiche reizen Sie? Wo liegen Ihre Interessen?
- In welchen Branchen können Sie sich vorstellen zu arbeiten?
- Welche Aufgaben möchten Sie übernehmen?
- Wie viel Verantwortung wollen Sie übernehmen?
- Wie viel Geld wollen Sie verdienen?
- Welchen Posten möchten Sie übernehmen?
- Auf welcher Hierarchieebene wollen Sie einsteigen?
- Wie stellen Sie sich den Verlauf Ihrer (weiteren) Karriere vor?
- Wie stellen Sie sich das Zielunternehmen vor?

Fragen wie diese helfen Ihnen dabei, die richtige Stellenanzeige bzw. den passenden Arbeitgeber zu finden. Denn: Vieles hört sich verlockend an und ist dennoch nicht die richtige Anstellung. Es nützt Ihnen nichts, wenn der Job letzten Endes nicht zu Ihnen passt, Sie über- oder gar unterfordert sind oder das Gefühl haben, zu wenig oder zu viel Verantwortung oder Entscheidungsfreiheit zu haben.

Was können Sie? Was haben Sie einem Unternehmen zu bieten?

Es ist wichtig zu wissen, was man möchte. Es ist aber genauso wichtig zu wissen, welche Fähigkeiten man hat und was man einem Unternehmen bieten kann. Nur wenn Sie Klarheit über Ihre eigenen Qualifikationen, Ihre Stärken und Schwächen haben, können Sie eine aussagekräftige und überzeugende Bewerbungsmappe erarbeiten.

Es macht allerdings wenig Sinn, alles in Ihre Bewerbungsunterlagen einzuarbeiten, von dem Sie überzeugt sind, dass Sie es können. Stattdessen sollten Sie die Informationen auf das Unternehmen bzw. die Stelle zuschneiden, um die Sie sich bemühen. Eine überladene Bewerbungsmappe ist wenig ansprechend und hat daher geringere Aussichten auf Erfolg.

Um abschätzen zu können, welche Ihrer Qualifikationen in Ihre Bewerbungsmappe hineinpassen, ist es sinnvoll, erst einmal eine Bestandsaufnahme vorzunehmen. Dabei hilft Ihnen die folgende Checkliste, die Ihnen eine ganze Reihe von Fragen bzw. Möglichkeiten an die Hand gibt, um Ihre Qualifikationen und Stärken herauszuarbeiten.

 CHECKLISTE: QUALIFIKATIONEN UND FÄHIGKEITEN

Was sind meine Qualifikationen und Fähigkeiten?	Bemerkungen
Abschlüsse (Schule, Lehre, Studium)	
Ausbildung ohne Abschluss	
Berufserfahrung	
Fort- und Weiterbildung (Seminare, VHS-Kurse)	
Bundeswehr/Zivildienst/freiwillige Dienste	
Praktika	
Auslandsaufenthalte	
Fremdsprachenkenntnisse	
EDV und IT-Kenntnisse – Anwenderprogramme, zum Beispiel MS Office, PowerPoint etc. – Entwicklung, Programmierung, zum Beispiel Java, HTML, C++ etc. – SAP (Anwender/Entwickler) – Spezielle EDV-Kenntnisse (Datenbanken, CAD)	
Soziales, politisches oder ehrenamtliches Engagement (Kassenwart, freiwillige Feuerwehr, Gemeinderat etc.)	
Lehrtätigkeiten (Hiwi, Nachhilfe, VHS)	
Übungsleiter (Uni, Jugendtrainer, Theatergruppe)	
Au-pair	
Freiwilliges soziales Jahr	
Ferien- oder Nebenjobs	
Hobbys und Interessen	

Erarbeiten Sie Ihre EDV-Kenntnisse sorgsam

EDV-Kenntnisse spielen im kaufmännischen Bereich eine sehr wichtige Rolle, kaum ein Bereich, der ohne Datenverarbeitungssysteme auskommt. Sie sollten Ihre Kenntnisse daher sorgfältig und umfassend erarbeiten, um sich von den übrigen Bewerbern abzuheben.

 CHECKLISTE: PERSÖNLICHE STÄRKEN, SOFT SKILLS

Welche persönlichen Stärken (Soft Skills) habe ich?	Ja	Nein
Teamfähigkeit	✓	
Selbstständiges Arbeiten		
Kommunikationsfähigkeit		
Entscheidungsfähigkeit/Entscheidungsstärke		
Führungsqualitäten, Führungsstärke		
Belastbarkeit		
Ausdauer		
Kreativität		
Eigeninitiative		
Problemlösungsfähigkeit		
Kooperationsfähigkeit		
Durchsetzungsvermögen		
Einsatzbereitschaft/Engagement		
Lernbereitschaft		
Leistungsbereitschaft		
Kritikfähigkeit		
Analytische Fähigkeiten		
Konfliktlösungsfähigkeit		
Einfühlungsvermögen		
Delegationsfähigkeit		
Stressresistenz		
Zuverlässigkeit		

Je höher Sie auf der Karriereleiter nach oben steigen bzw. je mehr Verantwortung (Personal, Budget oder Umsatz) Sie innehaben, desto wichtiger und entscheidender werden die Soft Skills im Bewerbungsprozess.

Die Stellenanzeige

Wo finde ich Stellenanzeigen?

Wenn Sie sich ein Bild über sich und Ihre Vorstellungen vom neuen Job und dem neuen Arbeitgeber gemacht haben, können Sie sich daran machen, die passende Stelle zu finden. Besonders Erfolg versprechend sind die Stellenmärkte in Tageszeitungen, Magazinen und Fachzeitschriften sowie die Suche über das Internet. Die dortigen Job-Suchmaschinen werden immer beliebter, da mit ihnen eine einfache und zielgerichtete Suche möglich ist.

Tageszeitungen, Magazine und Fachzeitschriften

Die Stellenmärkte in den Printmedien bieten eine Vielfalt an aktuellen Stellenangeboten. Wenn Sie hauptsächlich nach einer Stelle in Ihrer näheren Umgebung suchen, bieten sich die Heimatzeitungen mit ihren lokalen Stellenmärkten für die Suche an.

 EXPERTEN-TIPP

Zeitungen und Magazine im Internet

Inzwischen haben viele Tageszeitungen und Magazine ihre Stellenmärkte auch komplett im Internet. Das gilt nicht nur für die überregionalen Zeitungen, sondern auch für die Heimat- und Lokalzeitungen. Die Suche dort ist einfach, aktuell und kostenlos.

Tages- und Wochenzeitungen und ihre Stellenmärkte im Internet (Auswahl)	
Frankfurter Allgemeine Zeitung	www.faz.de
Süddeutsche Zeitung	www.sueddeutsche.de
Handelsblatt	www.handelsblatt.de
Die Welt	www.welt.de
Die Zeit	www.zeit.de
Junge Karriere	www.jungekarriere.com

Job-Suchmaschinen im Internet

Die meisten Job-Suchmaschinen im Internet bieten zwei verschiedene Services an: Zum einen kann man gezielt nach Stellenangeboten suchen, zum anderen besteht die Möglichkeit, seinen Lebenslauf einzustellen und ständig zu aktualisieren. So ist man stets präsent, wenn Unternehmen diese Möglichkeit nutzen, um nach geeigneten Kandidaten zu suchen. Dieser Service wird auch von vielen Headhuntern in Anspruch genommen, die nach passenden Kandidaten für ihre Klientel suchen.

> **EXPERTEN-TIPP**
>
> **Stichwortliste für Internetsuche**
>
> Für die Suche in Internetmaschinen erstellen Sie sich am besten eine Liste mit relevanten Schlagwörtern. Dadurch können Sie gezielter suchen und finden die passenden Stellenanzeigen.

Die folgende Liste von Internetadressen von Job-Suchmaschinen finden Sie einschließlich entsprechender Links auf Ihrer CD-ROM.

Job-Suchmaschinen im Internet (Auswahl)	
www.arbeitsagentur.de	www.job-wahl.de (IT-Jobbörse)
www.focus.de	www.jobware.de
www.forum.de	www.jobworld.de
www.gigajob.de	www.manager-magazin.de
www.job.de	www.mediabiz-jobs.de
www.job24.de	www.monster.de
www.jobboerse.de	www.rekruter.de
www.job-pages.de	www.stellenanzeigen.de
www.jobrobot.de	www.stellenmarkt.de
www.jobsafari.de	www.stepstone.de
www.jobscout.de	

Viele Unternehmen haben inzwischen ihren eigenen Stellenmarkt und/oder Karriere-Portale im Internet veröffentlicht. Diese sind meist Bestandteil der Firmenhomepage. Sie finden Sie dort häufig unter den Links „Karriere", „Stellenanzeigen" oder „Jobs".

Wie arbeite ich mit Stellenanzeigen?

> **EXPERTEN-TIPP**
>
> **Stellenanzeigen spiegeln Wunschkandidaten wider**
>
> Die Stellenanzeige spiegelt in der Regel den Wunschkandidaten wider, mit dem der Arbeitgeber die freie Stelle gerne besetzen würde. Sehen Sie das Anforderungsprofil nicht als der Weisheit letzten Schluss an. Wenn Sie alle unerlässlichen Anforderungen erfüllen und nur bei den sogenannten Zusatzqualifikationen Mankos haben, sollten Sie einen Versuch wagen. Sie müssen nur überzeugender sein als die übrigen Kandidaten. Denken Sie daran: Kaum ein Bewerber wird alle Anforderungen erfüllen. Sie befinden sich also in bester Gesellschaft!

Inhalt

Die Stellenanzeige bietet in der Regel zahlreiche Informationen, die Sie für die Auswahl der richtigen Stelle und für das Zusammenstellen Ihrer Bewebungsmappe verwenden können und sollten. Im Einzelnen sind das:

- Anforderungen an den Bewerber: Ausbildung und Qualifikation
- Beschreibung der Stelle: Position, Aufgaben und Verantwortung
- Unternehmensprofil: Geschäftsbereich, Firmengröße und Volumen
- Ansprechpartner im Unternehmen
- Kontaktaufnahme und Informationsbedarf: Schriftliche Bewerbung, E-Mail, Gehaltsvorstellungen, Eintrittstermin etc.

All diese Informationen sollten Sie der Anzeige entnehmen können. Wenn nicht, müssen Sie auf jeden Fall nachrecherchieren, entweder im Internet, in Branchen- oder Firmenverzeichnissen oder mittels direkten Kontakts zum Unternehmen.

 EXPERTEN-TIPP

Telefonische Kontaktaufnahme
Eine telefonische Kontaktaufnahme empfiehlt sich übrigens immer. Dabei können Sie nicht nur wertvolle Informationen sammeln, sondern auch erste Beziehungen aufbauen. Außerdem erleichtert es Ihnen den Einstieg in Ihr Anschreiben.

Wenn Sie eine Stellenanzeige gefunden haben, auf die Sie sich bewerben wollen, dann arbeiten Sie die Anforderungen an den Bewerber sowie die Beschreibung der Stelle sorgsam heraus. Denn diese Informationen sind die Grundlage für ein aussagekräftiges, überzeugendes Anschreiben und die Gestaltung Ihres Lebenslaufs. Achten Sie bei Ihrem Anschreiben darauf, dass Sie auf einige in der Anzeige aufgeführten Punkte Bezug nehmen, am besten auf Punkte des Anforderungsprofils an den Bewerber. Untermauern Sie, dass Sie diese Anforderungen erfüllen, und zwar mit praktischen Beispielen aus Ihrer beruflichen Erfahrung.

Eigeninitiative zeigen

Wenn Sie über die übliche Stellensuche hinaus selbst aktiv werden, stehen Ihnen mehrere Wege offen. Sie können

- eine Initiativbewerbung in Angriff nehmen,
- selbst eine Anzeige schalten: ein Stellengesuch,
- sich in Jobdatenbanken eintragen,
- Kontaktbörsen besuchen oder

- Kontakt zu Headhuntern und Personalberatern aufnehmen.

Initiativbewerbung

Initiativbewerbung bedeutet nicht – wie viele immer noch vermuten –, blindlings unpersönliche Serienbewerbungen an die Personalabteilungen zahlloser Unternehmen zu verschicken, in der Hoffnung, dass der eine oder andere Peronaler schon Interesse haben und sich bei Ihnen melden wird. Eine Initiativbewerbung bedarf mehr Engagements. Sie bewerben sich bei einem Unternehmen, ohne dass dieses eine entsprechende Stelle ausgeschrieben oder inseriert hat. Wenn Sie Erfolg haben wollen, müssen Sie schon etwas Arbeit investieren. In ein bis zwei Stunden ist das nicht erledigt.

Sondieren Sie den Markt

Sicherlich haben Sie bereits ein paar Unternehmen oder Arbeitgeber im Kopf, bei denen Sie gerne arbeiten würden. Und Ihnen schweben auch ein paar Bereiche vor, die Sie interessieren. Auf den ersten Blick mag das genügen, aber wir empfehlen Ihnen, den Markt etwas genauer zu betrachten. Denn nicht immer sind die großen und bekannten Unternehmen oder der von Ihnen bevorzugte Arbeitgeber für Sie die beste Wahl.

Befassen Sie sich mit Stellenanzeigen

Auch wenn es im ersten Augenblick ungewöhnlich klingen mag, bei der Vorbereitung einer Initiativbewerbung gilt: Studieren Sie Stellenanzeigen! Diese geben Ihnen erste wichtige Informationen über die Arbeitgeber und Einstellungsmöglichkeiten, zum Beispiel über folgende Details:

- Anforderungsprofile bezogen auf die Bewerber (EDV-Kenntnisse, Soft Skills, Branchenkenntnisse)
- Unternehmensprofile (Geschäftsbereich, Firmengröße und Geschäftsvolumen)
- Firmenphilosophie
- Firmeninformationen
- Expansionsbereiche
- Ansprechpartner samt Kontaktdaten
- Bevorzugte Art der Kontaktaufnahme
- Bevorzugte Bewerbungsform (E-Mail, Bewerbungsmappe auf Postweg)
- Schwerpunkte im Bewerbungsprozess
- Auswahlverfahren
- Personalbedarf des Unternehmens
- Personalbedarf in der Branche

Beschaffen Sie sich Informationen über das Unternehmen Ihrer Wahl

Wenn Sie Unternehmen gefunden haben, bei denen Sie sich bewerben möchten, beginnen Sie mit der Unternehmensrecherche. Das heißt, Sie sammeln Informationen. Erste Details haben Sie ja bereits aus den Stellenanzeigen erfahren. Als weitere Quellen kommen die firmeneigenen Seiten im Internet sowie Zeitungs- und Fachzeitschriftenartikel infrage. Zudem stoßen Sie bei den Internetsuchmaschinen durch die Eingabe des Firmennamens auf viele Fakten. Große Unternehmen sind auch in Nachschlagewerken wie Brockhaus oder www.wikipedia.de vertreten.

Die Frage, welche Informationen für Sie und Ihre Bewerbung interessant sind, hängt davon ab, bei welcher Firma, in welcher Branche, in welchem Bereich und auf welcher Ebene Sie sich bewerben wollen. Mit der folgenden Checkliste können Sie eine ganze Reihe von Informationen zusammenstellen, die für Ihre Bewerbung von Belang sein könnten.

 CHECKLISTE: UNTERNEHMENSINFORMATIONEN

Was wissen Sie über Ihr Zielunternehmen?	Bemerkungen
Wirtschaftliche Rahmendaten, zum Beispiel: – Mitarbeiterzahl – Hauptsitz – Jahresumsatz – Unternehmensform	
Struktur und Aufbau des Unternehmens – Vorstandschaft und Hierarchie des Unternehmens – Tochterfirmen, Fusionen, abgeschlossene Übernahmen – Abteilungen	
Firmenstandorte	
Unternehmensphilosophie	
Nationale und internationale Ausrichtung	
Geschäftsfelder, Produkt- und Servicepalette	
Konkurrenz	
Randdaten der Branche	
Engagement des Unternehmens in anderen Bereichen	
Offene Stellen, Bewerbungsmodalitäten	
Einstiegsmöglichkeiten	
Expansionsbestrebungen	
Geplante Übernahme durch andere Firmen	

Eigeninitiative zeigen

Informationen wie diese helfen Ihnen nicht nur bei der Suche nach dem richtigen Unternehmen. Sie spielen zudem bei der ersten Kontaktaufnahme mit dem potenziellen Arbeitgeber, später bei der Ausarbeitung Ihrer Unterlagen sowie beim Vorstellungsgespräch eine entscheidende Rolle.

Ein Stellengesuch schalten

Ein Stellengesuch klingt vielversprechend: Der Arbeitgeber meldet sich beim Bewerber! Bewerten Sie jedoch die Erfolgsaussichten nicht über! Sehen Sie diesen Weg eher als eine zusätzliche Möglichkeit, sich auf dem Arbeitsmarkt zu präsentieren. Nur wenige Arbeitgeber machen sich tatsächlich die Mühe und studieren Stellengesuche. Wenn Sie dennoch eines aufgeben möchten, können Sie sich anhand unserer Checkliste orientieren.

  **CHECKLISTE: STELLENGESUCH**

Was gehört in ein Stellengesuch?	Ja	Nein
Berufsbezeichnung	✓	
Anzahl der Berufsjahre		
Alter		
Geschlecht (geht meist aus der geschlechtsspezifischen Berufsbezeichnung hervor. Falls nicht, setzen Sie ein m oder w hinter die Altersangabe)		
Kurzbiografie – Ausbildung – Derzeitiger Aufgaben- und Verantwortungsbereich – Wichtigste Zusatzqualifikationen – Wichtigste Soft Skills		
Wunschposition		
Bevorzugter Einsatzort		
Angaben zur Mobilität		
Daten zur Kontaktaufnahme (Chiffre, Name oder Telefonnummer)		

EXPERTEN-TIPP

Chiffre statt Name und Telefonnummer

Wenn Sie sich in einer festen Anstellung befinden, sollten Sie für Stellengesuche lieber eine Chiffre-Anzeige wählen, um Ihre Identität zu schützen. Ihr Vorgesetzter sollte nicht aus der Zeitung oder aus dem Internet erfahren, dass Sie einen neuen Arbeitsplatz suchen.

In Jobdatenbanken eintragen

Nutzen Sie die Möglichkeit, sich in Bewerberdatenbanken und bei Jobbörsen im Internet einzutragen und zu präsentieren. Ihren Lebenslauf können Sie dort in vorgegebene Formulare einstellen. Meist ist auch noch etwas Platz für Fließtext (vergleichbar mit einer Art Anschreiben) vorgesehen.

Eine Auswahl von Bewerberdatenbanken und Jobbörsen finden Sie auf der beiliegenden CD-ROM oder in diesem Buch auf Seite 11.

Kontaktbörsen besuchen

Eine weitere gute Möglichkeit, Eigeninitiative zu entwickeln, ist der Besuch von sogenannten Karrieretagen, Absolventenmessen und dergleichen. Dort präsentieren sich große und mittelständische Unternehmen aus allen Branchen und stehen für Fragen zur Verfügung. Auf den Besuch einer solchen Veranstaltung sollten Sie sich jedoch vorbereiten.

TO DO

Vorbereitung auf Karrieretage und ähnliche Veranstaltungen

- Informieren Sie sich über Unternehmen und Positionen, die Sie interessieren.
- Nehmen Sie Ihren Lebenslauf mit (in mehrfacher Ausführung, mindestens einen für jedes Unternehmen, mit dem Sie Kontakt aufnehmen möchten, und mindestens ein zusätzliches Exemplar).
- Nehmen Sie Visitenkarten mit.
- Bereiten Sie Fragen vor, die Sie den Ansprechpartnern stellen wollen.
- Warten Sie einen günstigen Zeitpunkt ab, bei wenig Andrang von Bewerbern hat der Gesprächspartner mehr Zeit für Sie.
- Vereinbaren Sie nach Möglichkeit schon im Vorfeld einen Gesprächstermin.
- Geben Sie Ihrem Gesprächspartner Zeit, sich Ihre Unterlagen (Lebenslauf) kurz durchzuschauen.
- Lassen Sie sich eine Visitenkarte geben.
- Machen Sie während des Gesprächs nach Möglichkeit keine Notizen, schenken Sie Ihrem Gegenüber Ihre gesamte Aufmerksamkeit. Für Notizen ist nach dem Gespräch noch Zeit.

Kontaktaufnahme zu Headhuntern

Prinzipiell sind Headhunter in erster Linie an Arbeitnehmern mit Berufserfahrung interessiert. Es kommt aber auch vor, dass sie mit Berufsanfängern zusammenarbeiten, dann aber meist mit Hochschulabsolventen.

Der Ruf von Headhuntern ist nicht der beste, da sie zwar Jobsuchende vermitteln, dabei aber nicht selten Mitarbeiter abwerben. Dennoch nehmen zahlreiche (vor allem mittelständische und große) Unternehmen ihre Dienste in Anspruch. Wer sich also nicht alleine auf die Suche nach einer neuen Anstellung machen will, kann sich sicherlich der Dienste von Headhuntern bedienen. Folgendes sollten Sie bedenken und beachten, wenn Sie sich an einen Headhunter wenden.

- Stellen Sie einen persönlichen Kontakt her – am besten übers Telefon, alternativ via Internet.
- Schicken Sie einen aussagekräftigen Lebenslauf.
- Beschreiben Sie kurz Ihre derzeitige Position.
- Beschreiben Sie kurz Ihre Wunschposition bzw. die Positionen, die für Sie interessant sind, ggf. Ihr Wunschunternehmen.
- Nennen Sie unverblümt Ihre Gehaltsvorstellungen.
- Vergessen Sie Ihre Kontaktdaten nicht (Name, private Telefonnummer, private E-Mail-Adresse, eventuell Postanschrift).
- Teilen Sie dem Headunter Ihre bevorzugte Kontaktaufnahme mit und die Uhrzeit, zu der man Sie am besten erreichen kann.

EXPERTEN-TIPP

Melden Sie sich regelmäßig
Wenn Sie mit einem Headhunter nach einer neuen Anstellung suchen, müssen Sie immer am Ball bleiben. Nehmen Sie regelmäßig Kontakt auf und fragen Sie nach, ob neue interessante Angebote vorliegen! Im Gegensatz zum Personalentscheider dürfen Sie Ihren Headhunter ruhig ein wenig nerven! Halten Sie übrigens Kontakt zu mehreren Headhuntern, da die Unternehmen ebenfalls mit unterschiedlichen Headhuntern zusammenarbeiten.

Was Netzwerke bei der Jobsuche bringen

Wer seine berufliche Laufbahn nicht dem Zufall überlassen möchte, der sorgt am besten vor. Schließlich können Sie nicht davon ausgehen, dass Sie heute mit Ihrer Bewerbungsphase beginnen, in vier Wochen alles abgeschlossen ist und Sie dann Ihren Traumjob schlechthin gefunden haben.

Selbst wenn Sie eine Arbeitsstelle gefunden haben, sollten Sie nicht aufhören, Ihre Karriere voranzutreiben und Ihr Ziel vor Augen zu behalten. Pflegen Sie alle Kontakte aus der Bewerbungsphase auch weiterhin. Denn häufig wechseln Arbeitnehmer nach jeweils zwei bis vier Jahren den Arbeitgeber. Daher empfiehlt es sich auch, die Unternehmen, bei denen Sie sich zwar bewerben, aber doch nicht anfangen, im Hinterkopf zu behalten. Vielleicht ergibt sich in ein oder zwei Jahren ein neuer Ansatz. Damit dies geschehen kann, müssen Sie am Ball bleiben und den Kontakt halten.

 **EXPERTEN-TIPP**

Kontakt halten kann sich lohnen
Je höher Sie auf der Karriereleiter nach oben klettern, desto wichtiger sind bzw. werden sogenannte informelle Kontakte. Denn zahlreiche offene Stellen werden nicht ausgeschrieben, sondern anderweitig kommuniziert und besetzt.

So knüpfen Sie Kontakte

Wenn Sie sich beruflich verändern wollen und bereit sind, Kontakte zu knüpfen, und zu nutzen, dann sollten Sie Ihre Augen und Ohren stets offen halten. Überall kann ein interessanter und nützlicher Kontakt geradezu auf Sie warten. Günstige Gelegenheiten bieten sich bei Fachmessen, privaten Veranstaltungen, in Vereinen oder durch ehrenamtliche Tätigkeiten sowie bei Fortbildungen. Halten Sie darüber hinaus den Kontakt zu ehemaligen Kollegen und Vorgesetzten sowie zu Geschäftspartnern wie Auftraggebern oder Kunden aufrecht.

 EXPERTEN-TIPP

Fragen Sie nach Visitenkarten
Bemühen Sie sich darum, von jedem neuen Kontakt eine Visitenkarte zu erhalten, oder notieren Sie sich zumindest den Namen, die Art des Kontakts und die Telefonnummer oder E-Mail-Adresse. Sie erleichtern sich damit die Verwaltung Ihrer Kontakte. Achten Sie darauf, dass auch Sie Visitenkarten griffbereit haben, um Ihrem Gesprächspartner eine übergeben zu können.

Netzwerke im Internet

Dank des Internets stehen uns heute auch Netzwerke im Internet zur Verfügung, etwa www.xing.de (früher: www.openbc.de). Dort können Sie Ihr Profil einstellen und nach interessanten Kontakten suchen oder Erfahrungen austauschen.

Wie Sie Kontakte verwalten und pflegen

Haben Sie erst einmal einen Konatkt aufgebaut, sollten Sie ihn auch sorgfältig verwalten. Wenn die gesammelten Visitenkarten in der Küchenschublade verstauben, nützt Ihnen das nichts. Dokumentieren Sie stattdessen die Kommunikation, indem Sie alle E-Mails, Telefonate etc. stichwortartig auflisten. So haben Sie immer den Überblick über den Status Ihrer Beziehung. Überprüfen Sie Ihre Einträge von Zeit zu Zeit. Unsicherheiten bei den Daten (Stimmt die E-Mail-Adresse noch? Ist die Telefonnumer noch aktuell?) sind ein guter Aufhänger, sich mal wieder zu melden.

CHECKLISTE: KONTAKTE VERWALTEN

Habe ich bei der Verwaltung meiner Kontakte an alles gedacht?	Ja	Nein
Name des Unternehmens	✓	
Name und Anschrift der Kontaktperson		
Position, Abteilung		
Telefon- und Faxnummer		
Handynummer		
E-Mail-Adresse		
Gegebenenfalls Name und Telefonnummer des Stellvertreters		
Kurzinfo: bevorzugte Art der Kontaktaufnahme		
Datum und Ort des ersten Kontakts		
Zustandekommen des ersten Kontakts		
Stichwortartige Kurzprotokolle über Gespräche anlegen (Datum, Grund, Inhalte und Resultate, Absprachen)		

Mit dem Arbeitgeber Kontakt aufnehmen

Nachdem Sie Ihre Stellenanzeigen sortiert bzw. Ihre Wunscharbeitgeber gefunden haben, steht der erste Kontakt mit dem Unternehmen an. Dieser sollte persönlich erfolgen und ist nicht zu unterschätzen. Immerhin können Sie hier wertvolle und interessante Informationen erhalten, die Ihnen helfen, Ihre Bewerbungsunterlagen den Anforderungen des Unternehmens anzupassen. Zudem können Sie durch gezielte Fragen mögliche Fehler im Bewerbungsverfahren vermeiden.

Wie Sie Kontakt aufnehmen, bleibt Ihnen überlassen. In der Regel findet das erste Gespräch am Telefon statt. Allerdings gibt es auch andere Erfolg versprechende Wege:

- Fachmessen (Systems, Medientage etc.)
- Veranstaltungen des Arbeitgebers (Tag der offenen Tür etc.)
- Job-Fachmessen (Karrieretage etc.)
- Absolventenmessen (Absolventenkongress etc.)
- Recruiting-Veranstaltungen
- E-Mail
- Persönliches Treffen außerhalb des beruflichen Zusammenhangs

Bereiten Sie sich gut vor

Den ersten Kontakt zum Unternehmen sollten Sie gut vorbereiten. Zwar können die meisten Personalabteilungen täglich zahlreiche Anfragen verbuchen, dennoch bleibt ein schlechter Auftritt eher im Gedächtnis des Personalers.

 EXPERTEN-TIPP

Führen Sie Probetelefonate durch
Um zu erfahren, wie solch ein Telefonat ablaufen kann, welche Fragen Personalentscheider stellen oder wie sie auf Ihre Fragen und Antworten reagieren, führen Sie am besten ein bis zwei Probetelefonate durch – entweder mit einem Bekannten oder mit Firmen, an denen Sie weniger Interesse haben.

Auch wenn es Ihnen am Telefon nicht so vorkommen mag, so mancher Personaler bzw. Recruiter macht sich während der Gespräche Notizen: über den Verlauf des Gesprächs, erste Eindrücke und das Interesse am Bewerber. Nehmen Sie den ersten Kontakt daher nicht auf die leichte Schulter.

Erstellen Sie einen Fragenkatalog

Viele Bewerber scheuen sich davor, den ersten Schritt zur persönlichen Kontaktaufnahme zu machen. Sicherlich ist es bequemer, ein allgemeines Anschreiben zu verfassen. Doch das ist weniger erfolgversprechend. Überlegen Sie sich im Vorfeld ein paar Fragen, die Sie Ihrem Gesprächspartner stellen wollen.

Meist fürchten sich die Bewerber vor den Fragen des Personalers. Wir haben Ihnen hier ein paar Fragen zusammengestellt, auf die Sie sich individuell vorbereiten können.

- Wie kann ich Ihnen helfen?
- Welche Fragen haben Sie an mich?
- Warum möchten Sie sich bei uns bewerben?
- Welche Ausbildung haben Sie? Was haben Sie studiert?
- Welche weiteren Qualifikationen haben Sie?
- Was haben Sie bisher gemacht?

Die Fragen sind meist kurz und geben Ihnen viel Spielraum, sich zu präsentieren. Nutzen Sie diese Chance, indem Sie aussagekräftige Antworten geben.

Rechnen Sie auch damit, dass Sie nach den Gründen für Ihren Wechsel gefragt werden. Wenn dies nicht bei der ersten Kontaktaufnahme passiert, dann spätestens im Bewerbungsgespräch. Um weder beim ersten Gespräch noch beim Vorstellungstermin ins offene Messer zu laufen, sollten Sie eine Antwort auf diese Frage parat haben. Gute Gründe sind beispielsweise:

- berufliche Weiterentwicklung,
- logischer nächster Schritt zum Karriereziel (Was ist Ihr Karriereziel?),
- berufliche Neuorientierung, berufliche Veränderung,
- Suche nach einer neuen Herausforderung,
- Umzug der Familie.

Achten Sie darauf, dass Sie über Ihre derzeitige Position sowie über Ihren Arbeitgeber oder Ihre Kollegen nicht schlecht reden oder ihnen die Schuld an Ihrem Wechsel geben. Das ist schlechter Stil und bringt Sie nicht weiter. Sie ziehen vielmehr den Argwohn des Personalers auf sich. Er wird eventuell nicht nur Ihre Qualifikationen auf sozialer Ebene, sondern auch Ihre Loyalität infrage stellen.

Und nun ein paar Gründe, die Sie für einen Wechsel besser nicht anführen sollten:
- Probleme mit den Vorgesetzten oder den Kollegen,
- Beförderung nicht erlangt,
- zu wenig Gehalt, ausbleibende Gehaltserhöhung,
- Bezugspersonen, Förderer haben die Firma verlassen,
- Herausforderungen zu groß, Überforderung,
- zu viele Überstunden.

Unter gewissen Umständen akzeptable Gründe könnten sein:
- unverschuldete Kündigung von Seiten des Arbeitgebers steht bevor (Massenentlassung, Konkurs des Arbeitnehmers etc.),
- wirtschaftliche Probleme des Arbeitgebers ,
- Neustrukturierung des Unternehmens (Vorsicht: könnte Sie unflexibel erscheinen lassen),
- Standortverlegung des Unternehmens (könnte Sie allerdings inmobil erscheinen lassen).

Das erste Telefonat

Wenn Sie Ihren Ansprechpartner anrufen, sollten Sie darauf achten, dass Sie
- ausreichend Zeit haben,
- nicht gestört oder unterbrochen werden,
- ausgeschlafen sind und
- alle notwendigen Unterlagen und Utensilien griffbereit haben.

Achten Sie darauf, dass Sie alle Unterlagen, Informationen und notwendigen Utensilien für die erste Kontaktaufnahme parat haben! Dazu zählen

- Name, Position und Durchwahl des Ansprechpartners,
- Fragenkatalog,
- aktuelle Version Ihres Lebenslaufs (Berufsanfänger halten am besten auch ihre Zeugnisse und Abschlussnoten parat),
- persönliche Liste mit überzeugenden Gründen für den Wechsel,
- recherchierte Informationen über das Unternehmen,
- Stift und Papier.

 EXPERTEN-TIPP

Sprechen Sie den Personalverantwortlichen mit Namen an

Es macht einen guten Eindruck, wenn Sie den Personalverantwortlichen mit Namen ansprechen. Wiederholen Sie seinen Namen im Laufe des Gesprächs ein- bis zweimal und verabschieden Sie sich ebenfalls mit der Nennung seines Namens. Den Namen sollten Sie bereits vorab wissen. Falls nicht, fragen Sie bei der Telefonzentrale nach.

Viele Bewerber sind beim ersten Telefonat mit dem Unternehmen aufgeregt und vergessen schnell etwas. Machen Sie sich daher vorab Notizen und halten diese für den Notfall parat. Vermeiden Sie aber vorformulierte Texte etwa am Anfang des Gesprächs oder wenn es um die Gründe Ihres Wechsels geht. Machen Sie sich lediglich eine Liste mit Stichwörtern und formulieren Sie den Text im Geiste einige Male durch. Sie können sicher sein: Ihr Gesprächspartner merkt es sofort, wenn Sie etwas vor- bzw. ablesen. Außerdem können Sie zusätzliche Informationen nur schwer einbauen oder auf Zwischenfragen eventuell nicht angemessen reagieren.

 EXPERTEN-TIPP

Machen Sie sich Notizen

Versäumen Sie es nicht, sich während des Gesprächs Notizen zu machen. Selbst Menschen mit einem guten Gedächtnis können sich nicht alles merken. Dies gilt vor allem dann, wenn Sie mehrere Gespräche mit unterschiedlichen Unternehmen führen.

Darauf kommt es bei der Bewerbungsmappe an

Achten Sie darauf, dass Ihre Bewerbungsmappe vollständig, übersichtlich und ordentlich ist. Die meisten Personalentscheider ärgern sich, wenn Unterlagen fehlen oder nicht gut strukturiert sind. Verwenden Sie Unterlagen und Mappen nur dann ein zweites Mal, wenn sie tatsächlich in einem tadellosen Zustand sind. Hat bereits ein Personaler mit der Mappe gearbeitet, sieht man ihr das meistens an. Benutzen

Sie lieber immer eine neue Bewerbungsmappe, um sicherzugehen. Um eine vollständige Bewerbungsmappe zusammenzustellen, benötigen Sie:

- Anschreiben (liegt lose in oder auf der Mappe),
- Lebenslauf mit Foto,
- sämtliche Arbeitszeugnisse von Ihren bisherigen Arbeitgebern in Kopie (gegenchronologisch sortiert, das heißt die aktuellsten zuoberst),
- alle Zeugnisse über Ausbildungsabschlüsse in Kopie (Schule, Lehre, Studium), das gilt vor allem für Berufsanfänger,
- Zertifikate über Zusatzqualifikationen wie Fortbildungen etc. in Kopie,
- Referenzen und Arbeitszeugnisse in Kopie,
- Eventuell Zusatzmaterial wie Arbeitsproben, Kritiken etc.

Es kann sein, dass Ihnen als Bewerber der Lebenslauf nicht ausreicht, um Ihre Qualifikationen angemessen darzustellen – zum Beispiel, wenn Sie Ihre derzeitige Position genauer schildern wollen. Dann haben Sie die Möglichkeit, der Bewerbung eine sogenannte dritte Seite oder Referenznachweise beizugeben. Diese fügen Sie in der Regel direkt nach dem Lebenslauf ein.

Auf eine dritte Seite sollten Sie allerdings nur dann zurückgreifen, wenn sie dem Personalentscheider tatsächlich einen entscheidenden Mehrwert bringt. Ansonsten besteht die Gefahr, dass Sie bei ihm den Eindruck erwecken, Sie könnten sich nicht auf das Wesentliche beschränken oder möglicherweise Wichtiges nicht von Unwesentlichem unterscheiden.

EXPERTEN-TIPP

Verwenden Sie keine Klarsichthüllen
Zwar schützen Klarsichthüllen Dokumente. Doch bei Ihrer Bewerbungsmappe sollten Sie darauf verzichten, da die Handhabung der einzelnen, in Hüllen verpackten Seiten umständlich und daher bei den meisten Personalchefs nicht willkommen ist.

Das Deckblatt

Wenn Sie Ihr Foto nicht direkt auf der Seite mit dem Lebenslauf befestigen möchten, haben Sie die Möglichkeit, Ihre Bewerbungsmappe mit einem Deckblatt auszustatten, auf dem Ihre persönlichen Daten und ein Foto zu finden sind.

Wie Sie Ihr Deckblatt im Einzelnen gestalten, bleibt Ihnen überlassen. Achten Sie jedoch darauf, dass

- die Seite ansprechend gestaltet ist,
- das Foto nicht zu groß (4 × 6 Zentimeter),

- die Seite ausgewogen gestaltet und nicht überfrachtet ist,
- die persönlichen Angaben (Name, Anschrift, Kontaktdaten wie Telefon- und Faxnummern, E-Mail-Adresse) vollständig sind,
- der Name des Unternehmens sowie die Position, für die Sie sich bewerben, vermerkt sind.

 EXPERTEN-TIPP

Entscheiden Sie sich bewusst für oder gegen ein Deckblatt

Viele Personalentscheider sind kein Freund des Deckblatts, da es den Blick auf das Wesentliche verdeckt. Hinzu kommt, dass manche Personaler Unterlagen von verschiedenen Bewerbern gerne miteinander vergleichen. Das Deckblatt ist dann meist im Weg und verhindert ein schnelles Arbeiten. Denken Sie deshalb darüber nach, ob Sie Ihre Bewerbung mit einem Deckblatt ausstatten möchten.

Das Bewerbungsfoto

Für die Platzierung Ihres Fotos haben Sie zwei Alternativen: Entweder Sie kleben (bitte nicht heften) es auf Ihren Lebenslauf oder Sie befestigen es auf einem Deckblatt. Auf jeden Fall sollten Sie darauf achten, dass es sich um ein aussagekräftiges Bild handelt, auf dem Sie einen wachen, offenen sowie freundlichen Eindruck machen. Wichtig ist auch die Haltung, die Sie eingenommen haben. Achten Sie z. B. darauf, dass Sie nicht mit hängenden Schultern dasitzen.

 EXPERTEN-TIPP

Achten Sie bei Scans auf gute Qualität

Inzwischen ist es durchaus üblich, ein Foto zu scannen und direkt auf die Seite mit dem Lebenslauf oder auf das Deckblatt zu drucken. Achten Sie dabei immer auf eine ausreichende Bild- und Druckqualität.

Schenken Sie Ihrer Kleidung besondere Aufmerksamkeit, wenn Sie sich für berufliche Zwecke fotografieren lassen. Während sich Männer am besten in Hemd und Krawatte ablichten lassen, sollten Frauen Bluse und Blazer tragen. Damit liegen Sie immer richtig. Für Damen gilt außerdem: Schminken Sie sich nicht zu aufdringlich!

Das Anschreiben

Neben dem Lebenslauf gehört das Anschreiben zu den wesentlichen Bestandteilen Ihrer Bewerbungsmappe. Der Personalverantwortliche entscheidet meist schon nach den ersten Zeilen, ob er sich weiter mit Ihrer Bewerbung beschäftigen möchte oder nicht. Ein gelungener Einstieg ist daher Pflicht, vor allem dann, wenn Sie ganz offensichtlich die genannten Anforderungen an die Stelle nicht oder nur teilweise erfüllen. Nehmen Sie sich daher Zeit dafür und arbeiten Sie jedes Anschreiben sorgsam aus.

Die Formel „hiermit möchte ich mich um die von Ihnen ausgeschriebene Stelle bewerben ..." ist in allen möglichen Varianten definitiv kein gelungener Einstieg. Wenn Sie vorab den persönlichen Kontakt gesucht und grünes Licht für die Zusendung Ihrer Bewerbungsunterlagen bekommen haben, können Sie sich gegebenenfalls zu Beginn des Anschreibens darauf beziehen und dem Personalentscheider gleichzeitig vermitteln, dass Sie schon einmal sein Interesse an einer Bewerbung von Ihnen geweckt haben. Ein Gespräch vorab mit der Personalabteilung oder dem zuständigen Abteilungsleiter kann sehr hilfreich sein, da Sie dabei möglicherweise einige wichtige und interessante Informationen oder Details erfahren, die Ihnen beim Aufbau des Anschreibens helfen können.

Mit Ihrem Anschreiben wollen Sie den potenziellen neuen Arbeitgeber davon überzeugen, dass Sie genau der oder die richtige Bewerber/in für die Stelle sind. Sie müssen im Anschreiben auf Ihre besonderen Stärken, Qualifikationen und Fähigkeiten eingehen. Doch Vorsicht, das Anschreiben soll nicht die ausformulierte Version Ihres Lebenslaufs darstellen. Ziel des Anschreibens ist es vielmehr, eine überzeugende Verbindung zwischen Ihren Fähigkeiten und den Anforderungen und Zielen des Unternehmens aufzubauen. Der Arbeitgeber soll beim Lesen Ihres Anschreibens nicht nur Sie wiederfinden, sondern Sie in Kombination mit seinem Unternehmen. Nutzen Sie dafür zum einen die Anhaltspunkte, die Ihnen die Stellenanzeige bietet, aber auch die Informationen aus dem telefonischen Kontakt.

TO DO

So erstellen Sie Ihr Anschreiben

Achten Sie beim Erstellen Ihres Anschreibens auf folgende inhaltliche Punkte:

- Nehmen Sie Bezug auf das geführte Telefonat.
- Führen Sie Ihre bisherigen Tätigkeiten kurz auf.
- Begründen Sie, warum Sie für das Unternehmen arbeiten möchten.
- Erklären Sie, warum Sie sich beruflich verändern möchten.
- Kommen Sie auf Ihre Fähigkeiten, Stärken und sozialen Kompetenzen zu sprechen.
- Schaffen Sie eine Verknüpfung zwischen Ihren Fähigkeiten und den Anforderungen und Wünschen des Arbeitgebers.
- Ziehen Sie einen roten Faden durch Ihr Anschreiben. Es muss schlüssig aufgebaut und nachvollziehbar sein.
- Sprechen Sie Ihr Gegenüber persönlich an.

EXPERTEN-TIPP

Nehmen Sie Ihren Lebenslauf nicht vorweg
Viele Bewerber machen den Fehler, ihren Lebenslauf schon im Anschreiben wiederzugeben. Dafür ist es jedoch nicht gedacht, vielmehr sollten Sie auf das Unternehmen und die Position eingehen, die Sie besetzen möchten, und eine Verbindung zu sich schaffen.

Prinzipiell sollte das Anschreiben nicht länger als eine Seite sein. Formulieren Sie daher kurz und prägnant, kommen Sie auf den Punkt. Kürzen Sie gegebenenfalls Ihr Anschreiben, indem Sie

- Füllwörter streichen (dann, nun, gar, wohl, sozusagen, demgegenüber, dagegen, häufig, sicherlich etc.),
- den Text inhaltlich prüfen (Muss wirklich alles hinein?),
- kürzere Sätze formulieren,
- eigene Adressdaten in eine ein- bis zweispaltige Kopfzeile am oberen Seitenrand einarbeiten,
- die Schriftart ändern,
- die Schriftgröße ändern,
- die Seitenränder variieren,
- die Silbentrennung verwenden.

Führen Sie den Leser durch das Anschreiben und machen Sie ihm das Lesen leicht – nicht nur inhaltlich, sondern auch optisch. Überprüfen Sie das Erscheinungsbild Ihres Anschreibens nach folgenden Gesichtspunkten:

- Ist das Layout ansprechend, einheitlich, übersichtlich und leserfreundlich?
- Ist das Anschreiben nicht länger als eine Seite?
- Haben Sie genügend Absätze eingebaut, damit das Schreiben übersichtlich und aufgelockert wirkt?
- Sind Ihre persönlichen Daten und Kontaktinformationen vollständig angegeben (Name, Anschrift, Telefon, Handynummer, E-Mail-Adresse, Geburts- und Wohnort, Familienstand, Nationalität)? Haben Sie diese ansprechend gestaltet?
- Stimmt die Anschrift des Unternehmens?
- Haben Sie die Kontaktperson in der Adresse benannt?
- Sind alle notwendigen Informationen in der Betreffzeile enthalten?
- Ist die Betreffzeile hervorgehoben?
- Haben Sie den richtigen Ansprechpartner in der Begrüßungszeile benannt?
- Ist die Schriftgröße richtig (11 oder 12 Punkt)?

- Haben Sie eine ansprechende Schriftart (Times New Roman oder Arial) gewählt?
- Sind die Sätze klar, verständlich und unkompliziert formuliert?
- Haben Sie die Schlussformel („Zu einem persönlichen Gespräch ...") gesetzt?
- Haben Sie an die Grußformel („Freundliche Grüße") gedacht?
- Ist das Anschreiben unterschrieben (Vor- und Nachname)?
- Sind die Anlagen vollständig aufgeführt?
- Haben Sie die Rechtschreibung (auch mithilfe eines Rechtschreibprogramms) geprüft?
- Sind alle Satzzeichen richtig gesetzt?
- Hat ein Freund oder Bekannter das Anschreiben Korrektur gelesen?

Der Lebenslauf

Der Lebenslauf spiegelt den beruflichen Werdegang eines Bewerbers wider. An ihm orientiert sich der Personalverantwortliche, wenn er prüft, ob ein Kandidat geeignet ist und den Vorstellungen und Ansprüchen des Unternehmens entspricht. Da Personaler meist genau wissen, welche Kriterien dabei aussagekräftig sind, ist es ratsam, den Lebenslauf übersichtlich zu gestalten und gut zu strukturieren. Niemand sucht gerne lange nach Informationen, die er für wichtig hält.

Platzieren Sie daher Schlüsselwörter in Ihrem Lebenslauf prominent, sodass der Leser sie schnell, möglichst auf einen Blick, erkennen kann. Gehen Sie aber dennoch sparsam mit Markierungen (fett oder kursiv) innerhalb der einzelnen Blöcke um. Prinzipiell teilt sich der Lebenslauf in einzelne und in sich abgeschlossene Blöcke:

- Persönliche Daten
- Schulausbildung
- Gegebenenfalls Wehr-, Zivil- oder Ersatzdienst, freiwilliges soziales Jahr
- Berufsausbildung und/oder Studium
- Praktische Erfahrungen (zum Beispiel Praktika, Zeiten als Werkstudent etc.)
- Beruflicher Werdegang
- Auslandsaufenthalte
- Zusatzqualifikationen (Fremdsprachen, EDV-Kenntnisse, Fortbildungen)
- Sonstige Aktivitäten (Ehrenämter, sonstiges Engagement)
- Interessen/Hobbys

Überprüfen Sie genau, ob alle wichtigen und notwendigen Informationen und Daten in den einzelnen Blöcken enthalten sind.

Persönliche Daten
- Name, Anschrift
- Telefon- und Handynummer (nur private Nummern)
- E-Mail-Adresse (nur private Adressen)
- Geburtstag und -ort
- Familienstand (ledig, verheiratet, geschieden, gegebenenfalls Kinder)
- Nationalität
- Konfession (nur bei Bewerbungen in entsprechenden Bereichen)
- Parteizugehörigkeit (nur bei Bewerbungen in entsprechenden Bereichen)

Schulausbildung
- Grundschule
- Weiterführende Schule (Schulabschluss und Abschlussnoten)
- Berufsschule (Abschluss und Abschlussnoten)
- Abendschule (Abschluss und Abschlussnoten)

Gegebenenfalls Wehr-, Zivil- oder Ersatzdienst, freiwilliges soziales Jahr
- Stationierung/Art des Dienstes, Ort
- Truppe
- Titel
- Aufgabenbereiche

Berufsausbildung: Lehre
- Name und Ort des ausbildenden Betriebs oder der Einrichtung
- Ausbildungsbezeichnung (z. B. Ausbildung zum Bankkaufmann)
- Eventuell Schwerpunkte der Ausbildung
- Abschluss (zum Beispiel Gesellenbrief) und Abschlussnote

Berufsausbildung: Studium
- Name und Ort der Universität, Fachhochschule oder Berufsakademie
- Studienfach
- Gegebenenfalls Schwerpunkte (bei Berufseinsteigern oder bei Relevanz für die Stelle)
- Diplomnote
- Titel der Diplomarbeit (bei Berufseinsteigern oder bei Relevanz für die Stelle)

Berufsausbildung: Umschulung

- Name und Ort der Ausbildungseinrichtung
- Ausbildungsbezeichnung (z. B. Ausbildung zum IT-Systemkaufmann)
- Gegebenenfalls Schwerpunkte
- Abschlussnote

Berufserfahrung

- Name und Ort des Arbeitgebers
- Position, Berufsbezeichnung (z. B. strategischer Einkäufer, Bürokauffrau)
- Eventuell Abteilung, Fachbereich
- Aufgaben, Tätigkeit
- Verantwortungsbereich (z. B. Personal, Budget, Umsatz)

Praktika, Ferienjobs und andere praktische Erfahrungen

- Name und Ort des Unternehmens, der Einrichtung, des Verbands etc.
- Einsatzgebiet
- Aufgaben
- Erlerntes

 CHECKLISTE: PRAKTISCHE ERFAHRUNGEN IM LEBENSLAUF

Welche praktischen Erfahrungen gehören in den Lebenslauf?	Ja	Nein
Berufsbezogene Praktika in Firmen, Verbände, Organisationen etc. (bei Berufsanfängern oder Relevanz)	✓	
Freie Mitarbeiterschaft bei Medien, Werbeagenturen etc.		
Freiwilliges soziales Jahr		
Studentische Hilfskraft, studienbegleitende Jobs (bei Berufsanfängern oder Relevanz)		
Jobs in den Semester- oder Schulferien (bei Berufsanfängern oder Relevanz)		
Tätigkeiten in Vereinen, Verbänden etc.		
Tätigkeiten im elterlichen Betrieb		

Auslandserfahrung: Schule oder Studium

- Name, Ort und Land der Schule oder Universität
- Belegte Kurse

Auslandserfahrung: Beruf

- Angaben wie unter „Berufserfahrung"

Zusatzqualifikationen

- IT-/EDV-Erfahrung (z. B. MS Office, PowerPoint, Datenbanken, SAP, Java, HTML)
- Fremdsprachen samt Einschätzung (verhandlungssicher, fließend, Grundkenntnisse, Schulkenntnisse)
- Sonstige Fachkenntnisse

Fort-/Weiterbildung

- Name und Ort der Bildungsstätte (z. B. Volkshochschule, Akademie für Erwachsenenbildung, Wall Street Institute)
- Name und Inhalt des Kurses (z. B. Personalführung im Alltag, effektives Zeitmanagement, pädagogische Kurse)

Soziales und/oder politisches Engagement

- Ort und Einrichtung oder Organisation (z. B. Nachbarschaftshilfe, Technisches Hilfswerk)
- Art des Engagements (Nachhilfeunterricht für lernschwache Kinder, Schriftführer, Jugendgruppenleiter)
- Aufgaben

 CHECKLISTE: ENGAGEMENT

Welche Arten von Engagement gehören in den Lebenslauf?	Ja	Nein
Mitarbeit in sozialen Einrichtungen	✓	
Aktiv als Schülersprecher, im Jugendparlament, Stadtjugendring		
Jugendleiter, Vorstandsmitglied im Verein (Sport, Theater)		
Politisches Engagement (Gemeinderat, Kreisebene etc.) Parteinennung nur bei Relevanz		
Engagement in Vereinen, Verbänden (Nachbarschaftshilfe)		
Aktivitäten bei Hilfsorganisationen (THW, DRK, freiwillige Feuerwehr etc.)		

Hobbys/Interessen

- Geben Sie hier Ihre bevorzugten Freizeitaktivitäten und Interessen außerhalb des Arbeitslebens an.

EXPERTEN-TIPP

Was ist bei den Angaben zu Hobbys und Interessen zu beachten?

Hobbys und Interessen runden den Lebenslauf zwar ab und gehören auf jeden Fall hinein. Doch manchmal sagen sie mehr über eine Person aus, als ihr lieb ist. Achten Sie deshalb darauf, dass eine ausgewogene Mischung entsteht. Squash und Joggen sind Einzelsportarten. Auch wenn Sie tatsächlich ein Einzelkämpfer sind: Ausgewogener wären die Interessen, wenn Sie noch eine Aktivität aufführen könnten, die Teamgeist oder Verantwortungsbewusstsein vermuten lässt. Wägen Sie außerdem ab, ob Sie risikoreiche Freizeitaktivitäten wie Bungee-Jumping aufnehmen wollen.

Achten Sie darauf, dass Sie sämtliche Stationen in Ihrem Lebenslauf mit monatsgenauen Zeitangaben versehen, etwa 04/98–08/05 oder Mai 04 bis Juni 06. Diese Angaben sollten sie durchgängig einheitlich halten. Wechseln Sie die Darstellung nicht, das wirkt unruhig.

EXPERTEN-TIPP

Chronologisch oder gegenchronologisch

Viele Bewerber beginnen ihren Lebenslauf immer noch mit der Grundschule und arbeiten sich dann langsam zur Gegenwart vor. Diese Art des Aufbaus (chronologischer Aufbau) verschwindet allerdings immer mehr. Personalern bleibt heute wenig Zeit, um Lebensläufe genau zu studieren bzw. sich durch drei Seiten schulische und berufliche Entwicklung durchzuarbeiten. Daher sollten Sie sich den Grundsatz zu eigen machen: Wichtiges und Informatives zuerst. Auf Nummer sicher geht man dabei mit einem gegenchronologischen Aufbau des Lebenslaufs. Das bedeutet, Sie beginnen mit dem Heute und arbeiten sich zur Grundschule zurück!

Mithilfe unserer Checkliste, die Sie auch auf Ihrer CD-ROM finden, können Sie Ihren fertiggestellten Lebenslauf noch einmal einer letzten Prüfung unterziehen. Denken Sie daran, dass Fehler im Lebenslauf besonders deutlich hervortreten. Vor allem bei den Angaben von Monat und Jahr schleichen sich ausgesprochen schnell Tippfehler ein. Falsche Jahreszahlen mögen Ihnen selbst nicht mehr ins Auge stechen, Sie kennen die Zahlen sicher in- und auswendig. Der Personalverantwortliche wird Unstimmigkeiten hingegen sicherlich bemerken.

 **CHECKLISTE: LEBENSLAUF**

Habe ich in meinem Lebenslauf alles Wichtige beachtet?	Ja	Nein
Ist das Layout strukturiert und übersichtlich?	✓	
Findet sich der Leser schnell zurecht?		
Ist die Seite nicht zu überladen?		
Habe ich an alle Kontaktdaten gedacht (Name, Anschrift, Telefon, Handynummer, E-Mail-Adresse)?		
Sind meine persönlichen Daten vollständig (Geburtsdatum und Geburtsort, Familienstand und Kinder, Nationalität)?		
Habe ich die Stationen in meinem Lebenslauf jeweils in logische Blöcke zusammengefasst?		
Sind die Zeitangaben einheitlich und chronologisch/gegenchronologisch gehalten?		
Habe ich die Zeitangaben auf den Monat genau bestimmt?		
Sind alle Zeitangaben schlüssig und richtig angegeben?		
Ist der Lebenslauf lückenlos?		
Sind alle beruflichen Stationen einheitlich dargestellt?		
Habe ich bei meinen beruflichen Stationen an alle formalen Angaben gedacht (Name und Sitz der Firma, eigene Position und Aufgaben, Verantwortungsbereich)?		
Ist ein durchgehender roter Faden im Lebenslauf erkennbar (Karriereplanung/Karriereverlauf)?		
Habe ich unnötige Informationen gestrichen?		
Sind alle nicht alltäglichen Abkürzungen einmal ausgeschrieben?		
Sind alle Fachbegriffe verständlich oder erklärt?		
Habe ich all meine Fremdsprachen- und EDV-Kenntnisse einzeln benannt und bewertet?		
Habe ich an meine Fortbildungsmaßnahmen gedacht?		
Habe ich Rechtschreibung, Zeichensetzung und Grammatik überprüft?		
Ist der Lebenslauf mit Ort und Datum versehen?		
Habe ich den Lebenslauf unterschrieben?		

Achten Sie darauf, dass Ihr Lebenslauf vollständig ist und keine zeitlichen Lücken offen sind. Letzteres wirft Fragen auf und animiert zu Spekulationen, die nur selten zugunsten des Bewerbers ausfallen. Es ist besser, Sie stehen zu Ihren Schwächen und erklären diese gegebenenfalls. Versuchen Sie lieber, gezielt mit Ihren Qualifikationen und Stärken zu glänzen.

EXPERTEN-TIPP

Maximale Länge des Lebenslaufs

Sicherlich ist der Lebenslauf ein Referenzschreiben in eigener Sache. Denken Sie aber dennoch daran, eine gewisse Länge nicht zu überschreiten. Der Lebenslauf sollte maximal zwei bis drei Seiten umfassen. Wählen Sie daher mit Bedacht aus, welche Informationen für den Arbeitgeber interessant und relevant sind. Auf den Rest sollten Sie dann lieber verzichten, statt dem Personaler vier und mehr Seiten zum Durcharbeiten zuzumuten. Disqualifizieren Sie sich nicht schon dadurch, dass Sie nicht auf den Punkt kommen und nicht in der Lage sind, Wichtiges von Unwichtigem zu unterscheiden.

Die „dritte Seite"

Wenn Sie tatsächlich mehr zu sagen haben, als in einen angemessen langen Lebenslauf hineinpasst, dann überlegen Sie, ob es nicht sinnvoll ist, eine „dritte Seite" in die Bewerbungsmappe einzufügen. Dort können Sie zum Beispiel genauer auf Ihre derzeitige Position samt Aufgaben und Verantwortungsbereich eingehen. Bedenken Sie jedoch, dass nicht alle Personaler von dieser Art der Beilage begeistert sind.

EXPERTEN-TIPP

Anschreiben als zentraler Bestandteil der Bewerbung

Traditionell gilt das Anschreiben als das Dokument, in dem sich der Bewerber persönlich darstellt und profiliert. Wenn Sie also tatsächlich eine dritte Seite beilegen, dann sollten Sie einen guten Grund dafür haben. Falls nicht, schaden Sie sich mehr, als Ihnen diese Seite nützt.

Wenn Sie sich dafür entscheiden, eine „dritte Seite" in Ihre Bewerbung aufzunehmen, sollten Sie Wert darauf legen, dass sie sich in Hinblick auf Struktur, Aufbau und Format an den übrigen Dokumenten in der Bewerbungsmappe orientiert. Im Einzelnen heißt das: gleiches Schriftbild, gleiche Größe, gleicher Aufbau. Achten Sie zudem darauf, dass Sie auf dieser Seite an passender Stelle Ihren Namen vermerkt haben, damit der Empfänger Sie im Zweifelsfall besser zuordnen kann. Erarbeiten Sie Ihre „dritte Seite" mithilfe folgender Punkte:

CHECKLISTE: DRITTE SEITE

Habe ich alles Wichtige für die „dritte Seite" beachtet?	Ja	Nein
Fügt sich die Seite mit ihrem Layout in die Bewerbungsmappe ein?	✓	
Sind alle meine persönlichen Daten angegeben?		
Habe ich an meine Kontaktdaten gedacht?		
Entsprechen Schriftgröße und -art denen in Anschreiben und Lebenslauf?		
Ist der Aufbau übersichtlich und der Text leicht lesbar?		
Habe ich die Seite nicht überfrachtet (maximal 30 Zeilen)?		
Bietet die Seite im Vergleich zu Lebenslauf und Anschreiben inhaltlich einen Mehrwert? Kommen also nicht nur Daten und Fakten zur Sprache, die nichts über meine Qualifikation aussagen?		
Ist die Seite interessant gestaltet?		
Habe ich eine Überschrift gewählt, die neugierig macht?		
Habe ich meine Stärken, Soft Skills und sonstigen Qualitäten sinnvoll und aussagekräftig eingebaut?		
Trägt die Seite das aktuelle Datum?		

Zeugnisse und Zertifikate

Zeugnisse und Zertifikate in Kopie gehören ebenfalls in die Bewerbungsmappe. Bei Unsicherheiten, welche Zeugnisse ab welcher Ebene nicht mehr zu den Unterlagen hinzugefügt werden müssen, hilft folgende Übersicht. Bei Initiativbewerbungen oder wenn die Stellenanzeige keine eindeutigen Informationen über den Umfang der Bewerbungsunterlagen gibt, empfiehlt es sich, beim ersten telefonischen Kontakt nachzufragen, ob Sie tatsächlich alle Unterlagen schicken sollen oder vorab nur Anschreiben und Lebenslauf. Bei Interesse wird der Personalentscheider die übrigen bzw. die von ihm benötigten Unterlagen anfordern.

Welche Zeugnisse und Zertifikate gehören wann zur Bewerbung?

Bewerbung um eine Lehrstelle:

- Schulabschlusszeugnisse
- Praktikumszeugnisse
- Zertifikate über (Fort-)Bildungskurse (Akademien, VHS etc.)

Bewerbung um ein Praktikum:

- Hochschul- oder vergleichbares Zeugnis
- Zwischenzeugnisse (etwa Vordiplom oder aktuelle Notenübersicht)

- Abschlusszeugnis der Berufsschule, Gesellenbrief
- Schulabschlusszeugnisse
- Praktikumszeugnisse
- Zertifikate über (Fort-) Bildungskurse (Akademien, VHS etc.)

Bewerbung eines Berufsanfängers nach einer Lehre:

- Gesellenbrief, Abschlusszeugnis der Berufsschule
- Schulabschlusszeugnisse
- Praktikumszeugnisse
- Zertifikate über (Fort-)Bildungskurse (Akademien, VHS etc.)

Bewerbung eines Hochschulabsolventen:

- Hochschul- oder vergleichbares Zeugnis (falls dieses noch nicht vorliegt, alternativ Vordiplom oder Zwischenzeugnisse sowie eine aktuelle Übersicht über die einzelnen Noten, erwartete Gesamtnote angeben)
- Abschlusszeugnis der Berufsschule, Gesellenbrief
- Schulabschlusszeugnisse
- Praktikumszeugnisse
- Zertifikate über (Fort-)Bildungskurse (Akademien, VHS etc.)

Bewerber mit mehrjähriger Berufserfahrung:

- Hochschul- oder vergleichbares Zeugnis (Abitur- oder Schulabschlusszeugnisse nur in den ersten Jahren des Berufslebens erforderlich)
- Meisterbrief
- Abschlusszeugnis der Berufsschule, Gesellenbrief
- Zertifikate über Fort- und Weiterbildungskurse (Akademien, VHS etc.)
- Zertifikate oder Urkunden über berufliche Auszeichnungen
- Arbeitszeugnisse

EXPERTEN-TIPP

Verschicken Sie niemals Originale
Versenden Sie nur Kopien Ihrer Zeugnisse, Referenzen und Zertifikate. In der Regel schicken die Unternehmen die Bewerbungsunterlagen zwar zurück, doch es kann schnell etwas verloren gehen oder verschmutzt werden. Geben Sie Ihre Originale niemals aus der Hand.

Zusatzmaterial

Wenn Sie – je nach Branche – Zusatzmaterial wie Schriftproben oder Grafiken haben, gehören diese in eine ausgewogene und vollständige Bewerbungsmappe mit hinein. So können Sie punkten, denn Sie stellen damit Ihre Qualifikationen unter Beweis. Als Zusatzmaterialien gelten etwa

- Referenzen,
- Arbeitsproben (Zeitungsartikel, Zeichnungen, Fotografien, Werbetexte, Übersetzungstexte, Mitschnitte etc.),
- Internet-Links, Homepages (etwa bei Web-Designern etc.),
- Beurteilungsschreiben,
- Kritiken.

Und auch hier gilt wieder: Versenden Sie nach Möglichkeit keine Originale, sondern lediglich Kopien. Personalbeauftragte können keine Verantwortung für Ihre Unterlagen übernehmen.

Das äußere Erscheinungsbild

Nicht nur in Bezug auf Inhalt, sondern auch äußerlich sollte Ihre Bewerbungsmappe einen überzeugenden Eindruck machen. Das erreichen Sie mit einem einwandfreien, sauberen und ordentlichen Erscheinungsbild. Knicke und Eselsohren sind ebenso wie Flecken tabu. Stattdessen gilt:

- Benutzen Sie stets einen neuen Klemmhefter in neutraler Farbe (weiß, schwarz oder grau).
- Verwenden Sie qualitativ gutes Papier für Lebenslauf und Anschreiben (80 g/m^2).
- Achten Sie darauf, dass weder Falten noch Knicke in den Unterlagen sind.
- Ihre Zeugniskopien sollten gut lesbar sein (ohne Streifen etc.).
- Verwenden Sie einen DIN-A4-Umschlag für den Versand, Bewerbungsunterlagen nicht knicken!
- Unterlagen ausreichend frankieren. Im Zweifelsfall lieber zur nächsten Postfiliale gehen und dort frankieren lassen!
- Wählen Sie den üblichen Postweg. Verschicken Sie Ihre Bewerbungsunterlagen nicht per Einschreiben!

! EXPERTEN-TIPP

Bewerbungskosten bei der Steuer ansetzen

Die Kosten für Ihre Bewerbungsmappe können Sie bei Ihrer nächsten Steuererklärung ansetzen. Das gilt für Porto-, Kopier- und Materialkosten. Die Rechnung für die Bewerbungsfotos können Sie ebenfalls beim Finanzamt einreichen.

Bewerbungsmuster Ausbildung und Berufsanfänger

Bewerbung um eine Ausbildungsstelle zur Werbekauffrau

Bewerbung um eine Ausbildungsstelle zur Reiseverkehrskauffrau

Bewerbung um eine Ausbildungsstelle zur Werbekauffrau

Kurzes Profil der Bewerberin

- Abitur im Frühjahr, voraussichtliche Abschlussnote: gut
- 19 Jahre alt
- Verschiedene Praktika
- Seit Jahren regelmäßiger Schülerjob
- Ferienaushilfe
- Zwei Muttersprachen, sonstige Sprachkenntnisse ebenfalls vorhanden
- IT und EDV: Erfahrungen vorhanden
- Vielfältige Hobbys

Wunsch:
Lehrstelle zur Werbekauffrau

Idee:
Rechtzeitige Bewerbung (bereits im Winter) bei einer Werbeagentur

❶ **Emily Pandopus**
Beethovenstraße 25
52058 Aachen

**An
Werbeagentur Arneth
Frau Arneth
Almerstraße 31
52051 Aachen**

Aachen, 4. März 200

❷ **Bewerbung um eine Ausbildungsstelle zur Werbekauffrau**

Sehr geehrte Frau Arneth,

❸ ich bin 19 Jahre alt und werde im Sommer mein Abitur ablegen. Nun bin ich auf der Suche nach einer passenden Ausbildungsstelle für mich. Ich würde gerne in der Werbe- bzw. Marketingbranche Fuß fassen. Eine Ausbildung in einer Werbeagentur scheint mir hierfür der richtige Weg sowie ein guter Berufseinstieg.

❹ Mein Abitur werde ich voraussichtlich mit der Note gut (2,0 bis 2,4) abschließen. Zu meinen Lieblings- bzw. Leistungsfächern zählen Mathematik sowie Deutsch.

❺ Erste Erfahrungen in einer Werbeagentur konnte ich bereits bei der Werbeagentur Stretmann in Aachen sammeln. Die Aufgaben und die Arbeiten dort haben mir sehr viel Spaß gemacht und mich auf die Idee gebracht, eine Ausbildung zur Werbekauffrau zu machen, später vielleicht auch noch ein Studium anzuhängen.

❻ Vor allem die Arbeit an einem gemeinsamen Projekt, die vielseitigen Facetten eines Projekts und die fachlichen, aber doch kreativen Seiten des Berufsbilds haben mich neugierig auf mehr gemacht.

❼ Ich hoffe, ich habe Sie nun auf mich neugierig gemacht. Für ein Vorstellungsgespräch oder zur Beantwortung weiterer Fragen stehe ich Ihnen gerne zur Verfügung.

Freundliche Grüße

Emily Pandopus

Anlagen
- Kopie des Abschlusszeugnisses Jahrgang 12
- Arbeitszeugnis Agentur Stretmann

Kommentar zum Anschreiben von Emily Pandopus

❶ Briefkopf

Ein schlichter und einfacher Briefkopf, an dem zwar nichts auszusetzen ist, den die Bewerberin aber gerne auch etwas kreativer gestalten darf bzw. könnte.

❷ Betreffzeile

Prinzipiell gehört in die Betreffzeile auch hinein, wie man auf die Idee kommt, sich gerade bei diesem Arbeitgeber zu bewerben, sprich: Stellenanzeige, Internetauftritt bzw. -recherche, Initiativbewerbung oder dergleichen.

❸ Einstieg

Für eine Schulabgängerin, die auf der Suche nach einem Ausbildungsplatz ist, ein ganz ordentlicher Einstieg.

❹ Voraussichtliche Abiturnote

Gute Idee! Hier hat die Bewerberin mitgedacht. Bei Schulabgängern erhalten die potenziellen, zukünftigen Arbeitgeber wenig Informationen über die Qualifikationen der Bewerber, umso wichtiger sind daher die Schul- bzw. Abschlussnoten. Wenn diese noch nicht vorliegen, sollte man ein zumindest eine Orientierungshilfe angeben. Die Bewerberin gibt ihre voraussichtliche Abiturnote bzw. legt ihr letztes Jahreszeugnis (siehe Anlagen) bei. Nun kann sich der Arbeitgeber ein besseres Bild von der Bewerberin machen.

❺ Gründe

Die Bewerberin erklärt kurz und knapp, warum sie sich gerade für diesen Beruf entschieden hat. Das genügt.

❻ Einblicke, Erfahrungen

Für Berufsanfänger und -einsteiger sind Einblicke und Erfahrungen besonders wichtig. Sie stellen damit unter Beweis, nicht ganz unvorbereitet ins kalte Wasser zu springen und schon einmal einen Blick in die Arbeitswelt bzw. in das Berufsfeld geworfen zu haben.

❼ Bezug zum Arbeitgeber

Typisch für Initiativbewerbungen (Blindbewerbungen) ist der fehlende Bezug zum Arbeitgeber. Dies (und die Frage, ob tatsächlich eine Ausbildungsstelle zu vergeben ist) ließe sich durch einen kurzen telefonischen Anruf beheben.

❶ # Lebenslauf

Persönliche Daten

Name	Emily Pandopus
Kontaktdaten	Beethovenstraße 25
❷		52058 Aachen
	Telefon 0241/845166
❸		Mobiltelefon 0160/8795951
	E-Mail: emily1621@aol.com
Familienstand	Ledig, geboren am 2. September 1987 in Köln
❹		Mutter: Anette Pandopus, geborene Mühler
	Vater: Georgios Pandopus
Staatsangehörigkeit	Deutsch

Schulbildung

08/94 bis 06/98	Grundschule, Köln
08/98 bis 06/01	Erich-Kästner-Gymnasium, Köln
Seit 08/01	Einhard-Gymnasium, Aachen
bis vorauss. 05/07	Angestrebter Abschluss: Abitur
	Voraussichtliche Abschlussnote: gut

❺ ## Praktika, praktische Erfahrungen

❻
06/06 bis 07/06	4 Wochen Praktikum bei der Werbeagentur Stretmann, Aachen
	Mitarbeit an verschiedenen Projekten
	- Folienerstellung
	- Dateneingabe
	- Datenverwaltung
	- Informationsrecherche
	- Bildrecherche
	- Bildbearbeitung
06/05 bis 07/05	Ferienaushilfe Firma Korneder, Aachen
	- Gerätetests
	- Entgegennahme von Kundenreklamationen und Garantiefällen
	- Erstbearbeitung von Kundenreklamationen und Garantiefällen
	- Dokumentation und Weiterleitung von Kundenreklamationen und Garantiefällen
	- Versandabteilung
	- Rechnungsstellung

Kommentar zum Lebenslauf von Emily Pandopus

❶ Layout

Das Layout des Lebenslaufs ist eigentlich sehr ansprechend und durchaus eine gängige Gestaltung. Den Lebenslauf mittels Tabellenfunktion zu gestalten ist sinnvoll und erleichtert spätere Veränderungen oder Ergänzungen, da diese einfach und schnell eingearbeitet werden können. Allerdings sollte die Bewerberin daran denken, die Tabellenlinien „unsichtbar" zu machen, das sieht wesentlich besser und professioneller aus.

❷ Kontaktdaten

Die Kontaktdaten sind vollständig.

❸ E-Mail-Adresse

Die E-Mail-Adresse ist grenzwertig. Emily1621 hört sich nicht gerade seriös an. Legen Sie sich eine neue Adresse an, das dauert bei den meisten Anbietern nicht länger als fünf Minuten.

❹ Angabe der Eltern

Bei Berufsanfängern – vor allen Dingen im ländlichen oder kleinstädtischen Bereich – können die Eltern aufgeführt werden. Spätestens bei der nächsten Bewerbungsstufe sollte die Bewerberin jedoch darauf verzichten.

❺ Aufbau

Entscheiden Sie sich für eine Art des Aufbaus Ihres Lebenslaufs – chronologisch oder gegenchronologisch – und behalten Sie diese durchgängig bei. Unsere Bewerberin hat bei genauerer Betrachtung beides vermischt. Die Schulbildung ist chronologisch und die Praktika sind gegenchronologisch aufgebaut. Prinzipiell empfehlen wir einen gegenchronologischen Aufbau.

❻ Praktika

Sehr gut! Die Bewerberin listet ihre Praktika nicht einfach auf, sondern führt auch an, welche Aufgaben sie übernommen hat. Das bringt Leben in den Lebenslauf!

❼	Seit 05/03 bis heute	Zeitungsausträgerin der Wochenzeitung „Aachener Werbeblatt", einmal die Woche, nachmittags
	04/03 bis 05/03	2 Wochen Schnupperpraktikum Sparkasse Aachen
		- Einsortieren von Kontoauszügen in Schließfächer
		- Erstbetreuung von Kunden
		- Vorcodieren von Überweisungsaufträgen und Verrechnungsschecks
	11/01	1 Woche Schnupperpraktikum Bekleidungshaus Schmieder, Aachen
		- Einsortieren der Ware
		- Auszeichnung der Ware
		- Erstberatung von Kunden
		- Mitarbeit bei der Inventur

Sonstiges

❽	IT und EDV	- Word, Excel, PowerPoint
		- Internet, E-Mail
		- QuarkXpress, PhotoShop, Freehand, Illustrator
❾	Sprachen	- Deutsch und Griechisch: Muttersprachen
		- Englische Sprachkenntnisse: gut
		- Französische Sprachkenntnisse: Schulkenntnisse
		- Spanisch: keine
❿	Hobbys	Zeichnen, Malen, Schreiben
		Lesen, Klavier spielen
		Volleyball, Rhönrad fahren

⓫ Aachen, 4. März 2007

⑦ Zeitungsausträgerin

Auch derartige Jobs gehören in einen Lebenslauf, vor allem bei Berufsstartern. Sie vermitteln Arbeitsbereitschaft, Verantwortungsbewusstsein und Zuverlässigkeit.

⑧ EDV und IT

Die Liste der EDV- und IT-Kenntnisse ist für eine Schulabgängerin reichhaltig. Das spricht für die Lern- und Einsatzbereitschaft der Bewerberin. Gerade im kaufmännischen Bereich kommt man heute ohne EDV- und IT-Kenntnisse nicht sehr weit!

⑨ Sprachkenntnisse

Sprachkenntnisse gehören in jeden Lebenslauf. Allerdings nur die, die die Bewerberin auch hat. Warum die Bewerberin auflistet, keine Spanischkenntnisse zu haben, ist nicht nachzuvollziehen. Dies ergäbe nur dann einen Sinn, wenn in einer Stellenanzeige ausdrücklich nach Spanischkenntnissen gefragt würde. Und selbst dann wäre es besser, sich schleunigst Spanischkenntnisse anzueignen, als diese derart im Lebenslauf zu vermerken.

⑩ Hobbys und Interessen

Hobbys und Interessen runden den Lebenslauf und damit das Bild des Bewerbers ab. Das gilt vor allem für Berufsanfänger. Achten Sie bei der Nennung Ihrer Interessen und Hobbys auf eine ausgewogene Auswahl und verzichten Sie gegebenenfalls auf zu gefährliche Hobbys oder auf Interessen, die ein negatives Bild auf Sie werfen könnten.

⑪ Ort und Datum

Ort und Datum gehören unter jeden Lebenslauf. Damit unterstreichen Sie die Aktualität Ihrer Unterlagen.

Gesamteindruck

Abgesehen von kleinen Fehlern und Verbesserungsvorschlägen eine gelungene Bewerbung. Das gilt vor allem für den Lebenslauf. Viel mehr kann man von einer Bewerberin um eine Lehrstelle kaum erwarten. Beim Anschreiben kann die Bewerberin noch etwas nachbessern (persönliche Kontaktaufnahme mit dem Arbeitgeber).

Erfolgsaussichten

Sollte die Werbeagentur tatsächlich auf der Suche nach einer Auszubildenden sein, hat Frau Pandopus gute Chance, zu einem Vorstellungsgespräch eingeladen zu werden.

CD-ROM

Optimierte Bewerbung auf CD

Diese Bewerbung – Anschreiben und Lebenslauf – haben wir für Sie optimiert. Sie finden sie auf Ihrer CD-ROM, direkt zum Übernehmen in Ihre Textverarbeitung.

Bewerbung um eine Ausbildung zur Reiseverkehrskauffrau

Kurzes Profil der Bewerberin

- Abitur mit 2,1
- Leistungskurse: Mathematik und Wirtschaft
- Spricht fließend englisch, derzeit Au-pair in den USA
- Zweiwöchiges Berufspraktikum in einem Reisebüro

Wunsch:

Ausbildungsplatz in einem Reisebüro

Idee:

Initiativbewerbung bei einem Reisebüro in ihrer Heimatstadt.

Vorabkontakt bzw. Vorabanfrage per E-Mail, da sich die Bewerberin derzeit als Au-pair in den USA aufhält.

① Anina Reitmayr
Am Stadtpark 7
82467 Garmisch-Patenkirchen

Zurzeit
c/o Peter Coopers
45 East Broadway Street
Helena, MT 59601
+49 (0) 178/84 45 171
E-Mail: anina_reitmayr@web.de

② An
Reisebüro Klein
Hauptstraße 31
82463 Garmisch-Patenkirchen

Helena, 15. Januar 2007

Bewerbung als Auszubildende, Bereich Reiseverkehrskauffrau

Sehr geehrte Frau Klein,

③ vielen Dank für Ihre nette Mail. Ich habe mich über Ihre Antwort sehr gefreut und schicke Ihnen gerne meine Bewerbungsunterlagen zu.

④ Wie schon in meiner Mail erwähnt, arbeite ich gerade in den USA als Au-pair-Mädchen und möchte nach meiner Rückkehr im Sommer dieses Jahres eine Ausbildung als Reiseverkehrskauffrau beginnen. Erste praktische Erfahrungen konnte ich schon während eines Berufspraktikums in einem Reisebüro vor drei Jahren sammeln.

⑤ Meine Reise in die USA haben meine Leidenschaft am Reisen selbst, aber auch an der Planung und Organisation von Reisen einmal mehr bestätigt.

⑥ Durch meinen einjährigen Aufenthalt in den USA habe ich mich sehr weiterentwickelt. Das gilt nicht nur für meine englischen Sprachkenntnisse.

⑦ Ich würde mich über eine positive Rückmeldung freuen. Für weitere Fragen stehe ich Ihnen natürlich gerne zur Verfügung, auch unter der angegebenen Handynummer. Zu Ostern werde ich für zwei Wochen nach Deutschland kommen. Ein Vorstellungsgespräch wäre in dieser Zeit möglich.

Freundliche Grüße

⑧ Anina Reitmayr

Kommentar zum Anschreiben von Anina Reitmayr

❶ Briefkopf

Ein sehr ansprechend und geschickt gestalteter Briefkopf.

❷ Ansprechpartner

Wenn Sie einen persönlichen Ansprechpartner haben, so sollten Sie auch Ihre Bewerbungsmappe an diesen persönlich senden. Das gilt vor allem für größere Unternehmen, da ansonsten Ihre Unterlagen möglicherweise länger unterwegs sind als notwendig bzw. bei der falschen Person auf dem Schreibtisch landen.

❸ Persönlicher Kontakt

Hervorragend! Die Bewerberin hat vorab Kontakt mit der potenziellen Arbeitgeberin aufgenommen und schon einmal ein paar Dinge abgeklärt. Dies kann durchaus auch mal per Mail geschehen.

❹ Einstieg

Der Einstieg ins Anschreiben geht in Ordnung.

❺ Praktikum

Die Bewerberin weist kurz darauf hin, dass sie bereits ein Praktikum in einem Reisebüro absolviert hat. Gut!

❻ Weiterentwicklung

Die Bewerberin hat sich weiterentwickelt, und das nicht nur auf sprachlicher Ebene. Schön! Es wäre nur hilfreich, wenn die Leserin erfahren würde, an welche Weiterentwicklung die Bewerberin dabei gedacht hat. Gehen Sie nicht davon aus, dass sich der Leser schon die richtigen Gedanken machen oder die richtigen Schlüsse ziehen wird. Lassen Sie derartige Gedanken nicht so verloren im Raum stehen. Nennen Sie das Kind beim Namen oder lassen Sie es sein. Derart vage Aussagen schaden Ihnen mehr, als sie helfen.

❼ Terminliche Vorgaben

Wenn Sie zeitlichen oder örtlichen Vorgaben unterlegen sind, können Sie diese mit ruhigem Gewissen nennen. Besser jetzt als später. So kann sich der Arbeitgeber darauf einstellen und seine Planungen entsprechend ausrichten.

❽ Anlagen

Fügen Sie die Liste Ihrer Anlagen an. Dann weiß der Leser, was noch kommt, und kann gegebenenfalls feststellen, wenn etwas fehlt, und dies nachfordern.

Lebenslauf

Persönliches Anina Reitmayr
Am Stadtpark 7
82467 Garmisch-Patenkirchen

Zurzeit
c/o Peter Coopers
45 East Broadway Street
Helena, MT 59601
+49 (0) 178/84 45 171
E-Mail: anina_reitmayr@web.de

❶ Geburtsdatum, Ort 20. April 1987

Familienstand Ledig, deutsch

Praktische Erfahrung
Seit 08/06 Au-pair-Mädchen in Helena, Montana, USA
bis 06/07
- Betreuung von drei Kindern im Alter von drei bis sieben Jahren

❷ 04/04 bis 05/04 Zweiwöchiges Berufspraktikum
Reisebüro Fleischer, Garmisch-Patenkirchen
- Posteingangsbearbeitung
- Ablage und Dokumentationsarbeiten
- Katalog- und Formularbestellungen
- Recherchearbeiten
- Mitgestaltung des Schaufensters

Schulausbildung
❸ 07/93 bis 06/97 Luisengymnasium, Garmisch-Patenkirchen
Leistungskurse: Mathematik und Wirtschaft
Lieblingsfächer: Geografie und Sport
Abiturnote: 2,1

08/97 bis 06/06 Grundschule, Garmisch-Patenkirchen

Sonstiges
Sprachen Englisch: fließend in Wort und Schrift
Französisch: Schulkenntnisse

EDV, Internet Word, Excel
Internet, E-Mail

Interessen Ski fahren, Reisen

Helena, 12. Februar 2007

Kommentar zum Lebenslauf von Anina Reitmayr

❶ Vollständigkeit

Achten Sie darauf, dass Ihre Angaben vollständig sind. Wenn Sie den Geburtsort links ankündigen, sollten Sie ihn auch angeben. Lassen Sie Ihre Unterlagen von Freunden oder Bekannten gegenlesen.

❷ Praktikum

Die Bewerberin hat bereits praktische Erfahrungen in einem Reisebüro sammeln können. Das gehört auf jeden Fall in den Lebenslauf. Das gilt auch für die Aufgaben, sie sie dort übernommen hat.

❸ Leistungskurse, Lieblingsfächer

Gute Idee! Die Bewerberin nennt Ihre Leistungs- und Lieblingsfächer. Dadurch erhält der Leser ein besseres Bild von ihr – vor allem darüber, in welchen Bereichen die Stärken der Bewerberin liegen. Dass diese einerseits im wirtschaftlichen Bereich liegen, kommt der kaufmännischen Ausbildung zugute, die Interessen im geografischen Bereich sind im Alltag im Reisebüro hilfreich. Gut ausgewählt und gut in Szene gesetzt.

Gesamteindruck

Das Anschreiben „schwächelt" leider an einer Stelle (Weiterentwicklung). Hier sollte die Bewerberin noch etwas nachbessern. Der Lebenslauf ist – bis auf einen Flüchtigkeitsfehler (fehlender Geburtsort) zwar kurz, aber dennoch gut gelungen.

Erfolgsaussichten

Trotz des „schwächelnden" Anschreibens stehen die Chancen der Bewerberin, in die nächste Runde zu gelangen, recht gut!

EXPERTEN-TIPP

Bezug zum Unternehmen

Gerade Bewerbern um einen Ausbildungsplatz fällt es schwer, einen Bezug zum Unternehmen zu schaffen. Oftmals fehlen hierfür auch einfach die beruflichen Grundlagen bzw. Erfahrungen. Ein einfacher Ausweg sind konkrete Fragen während des ersten persönlichen Kontakts (am Telefon).
Worauf legen Sie bei Auszubildenden Wert?
Wo liegen Ihre Schwerpunkte? (Hier etwa: Pauschal- oder Individualreisen)
Übernehmen Sie Auszubildende in der Regel nach der Lehrzeit?
Auf die Antworten können Sie dann Bezug nehmen und sich selbst einbringen.

CD-ROM

Optimierte Bewerbung auf CD

Diese Bewerbung – Anschreiben und Lebenslauf – haben wir für Sie optimiert. Sie finden sie auf Ihrer CD-ROM, direkt zum Übernehmen in Ihre Textverarbeitung.

Bewerbungsmuster für Angestellte mit Berufserfahrung

Bewerbung einer Bürokauffrau

Bewerbung einer Veranstaltungskauffrau

Bewerbung eines Hotelkaufmanns

Bewerbung einer pharmazeutisch-kaufmännischen Angestellten (PKA)

Bewerbung eines Einzelhandelskaufmanns

Bewerbung eines IT-Systemkaufmanns

Bewerbung einer Verlagskauffrau

Bewerbung eines Bankkaufmanns

Bewerbung eines Industriekaufmanns

Bewerbung eines Immobilienkaufmanns

Bewerbung einer Bürokauffrau

Kurzes Profil der Bewerberin
- Bürokauffrau, Halbtagsanstellung
- Mehrjährige Berufserfahrung bei verschiedenen Arbeitgebern
- 34 Jahre alt
- Umfachreiche Sachkenntnisse
- Umfangreiche EDV und IT-Kenntnisse

Wunsch:
Ganztagsanstellung

Idee:
Individuelle Bewerbungen auf einige Stellenausschreibungen

Zoe Quadtländer
Schulstraße 4
35043 Marburg (Lahn)
06421- 82 91 54

An
Firma Randmann GmbH
Elektrokleinteile
Personalabteilung Frau Sucker
Romanstraße 12
35274 Kirchhain

Marburg, 31. Januar 2007

① Bewerbung: Bürokauffrau, kaufmännische Sachbearbeiterin
Ihre Stellenanzeige in der Marburger Neuen Presse vom 18. Januar 2007

Sehr geehrte Frau Sucker,

② hiermit möchte ich mich auf die von Ihrem Hause ausgeschriebene Stelle als Bürokauffrau bzw. als kaufmännische Sachbearbeiterin bewerben. Ich kann auf eine langjährige Erfahrung als Bürokauffrau, aber auch als kaufmännische Angestellte zurückblicken. Ich hatte stets verantwortungsvolle Aufgaben und Tätigkeiten.

③ Derzeit arbeite ich als Halbtagskraft bei einem Gießener Unternehmen. Die Arbeit macht mir Spaß, aber ich bin auf der Suche nach einer Ganztagsstelle. Da dies in absehbarer Zeit bei meinem jetzigen Arbeitgeber nicht zu realisieren ist, bin ich auf der Suche nach einer neuen Anstellung.

④ Durch meine Tätigkeit als Agent in einem Callcenter ist mir auch der von Ihnen geforderte sorgsame und sensible Umgang mit Kunden sehr vertraut. Ich war dort nicht nur für die Bestellannahme, sondern auch für Reklamationen sowie die Kundenbetreuung an sich zuständig. Auch in meiner derzeitigen Anstellung habe ich ständigen Kundenkontakt.

⑤ Ich bin eine zuverlässige und flexible Mitarbeiterin, die Sie vielseitig einsetzen können. Ich kann mich schnell in neue Aufgaben und Datenverarbeitungssysteme einarbeiten. Ich bin pünktlich und arbeite gerne im Team.

Für weitere Fragen oder die Vereinbarung eines Vorstellungsgesprächs stehe ich Ihnen selbstverständlich jederzeit zur Verfügung.

Freundliche Grüße

Zoe Quadtländer

Anlagen
- ➢ Lebenslauf
- ➢ Arbeitszeugnisse
- ➢ Ausbildungsnachweise

Kommentar zum Anschreiben von Zoe Quadtländer

❶ Betreffzeile

Die Betreffzeile erhält alle notwendigen Informationen.

❷ Einstieg

Kein außergewöhnlicher Einstieg, aber auch kein besonders schlechter. Immerhin weist die Bewerberin auf ihre langjährige Berufserfahrung mit verantwortungsvollen Aufgaben und Tätigkeiten.

❸ Gründe für die Bewerbung

Die Bewerberin geht offensiv mit den Gründen für ihre Bewerbung um. Das ist authentisch und glaubwürdig. Auf den ersten Blick mag das ungeschickt wirken, der Personaler wird in ihr allerdings eine zufriedene Mitarbeiterin sehen, die lediglich aufgrund äußerer Umstände eine neue Anstellung sucht. Ihren Ausführungen zufolge hat sie bereits versucht, ihre Situation innerhalb des eigenen Unternehmens zu ändern. Das spricht für sie!

❹ Bezug zum neuen Arbeitgeber

Geschickt gelöst. Die Bewerberin nimmt hier Stellung zu einer Forderung des Arbeitsgebers aus der Stellenanzeige. So schafft sie einen Bezug zum Unternehmen und stellt gleichzeitig ihre Qualifikation unter Beweis.

❺ Stil

In diesem Absatz wird es vor allem deutlich: Die Bewerberin beginnt viele Sätze mich „Ich". Das klingt eintönig. Versuchen Sie, etwas Abwechslung in Ihre Formulierungen zu bringen.

EXPERTEN-TIPP

Zeitnahe Bewerbung

Sie sollten nicht zu viel Zeit zwischen dem Erscheinungsdatum der Stellenanzeige und Ihrer Bewerbung verstreichen lassen. Bewerben Sie sich zeitnah, also spätestens innerhalb einer Woche. Angesichts der Bewerbermenge könnte die Stelle schnell vergeben sein. Außerdem setzen sich die meisten Personalentscheider eine zeitliche oder mengenmäßige Begrenzung. Ist diese Grenze überschritten, werden weitere Bewerbungen (meist aus zeitlichen Gründen) nicht mehr berücksichtigt. Hier liegen allein fast zwei Wochen zwischen Stellenausschreibung und Bewerbungsausarbeitung. Das ist definitiv zu lang.

Vita Zoe Quadtländer

Persönliche Daten

❶
Name	Zoe Quadtländer
Kontaktdaten	Schulstraße 4 35043 Marburg (Lahn) 06421- 82 91 54
Geburtstag und -ort	8. März 1973 in Grünberg (Hessen)
Familienstand ❷	Verheiratet, zwei Kinder aus erster Ehe meines Mannes
Staatsangehörigkeit	Deutsch

Berufliche Erfahrungen

❸
02/04 – heute	Trieger & Söhne GmbH, Gießen Tätigkeit als Bürokauffrau Verkauf und Kundengespräche, Kundenberatung Warenprüfung Bestellabwicklung Allgemeine Korrespondenz Rechnungskontrolle
12/00 – 01/04	DAG Versicherungen, Frankfurt am Main Tätigkeit als Bürokauffrau Lieferantenpflege Wareneingangsdokumentation Abwicklung des Zahlungsverkehrs Postein- und -ausgang Dokumentation, Ablage, Archivierung
12/97 – 10/00	Fa. KLS Systeme, Offenbach Callcenter-Agent Bestellannahme für Online-Shop Kundenbetreuung und -beratung Reklamationsaufnahme
09/94 – 12/97	Germa GmbH, Koblenz Kaufmännische Sachbearbeiterin Warenwirtschaft Einkauf

Schul- und Berufsausbildung

❹
09/91 – 08/94	KOB Werke, Euskirchen Ausbildung zur Bürokauffrau
08/89 – 07/91	Adolf-Reichwein-Schule, Marburg Fachhochschulreife

Kommentar zum Lebenslauf von Zoe Quadtländer

❶ Überschriften

Die Bewerberin hat die Überschriften zentriert. Prinzipiell geht das in Ordnung, aber es sollte in die übrige Gestaltung des Lebenslaufs passen. Das tut es hier leider nicht wirklich. Die Überschriften sollten daher ein Stück nach links verschoben werden (bündig mit der Auflistung der Tätigkeiten) oder gleich linksbündig (über den Zeitangaben) platziert werden. Ansonsten wirkt der Lebenslauf zu unruhig.

❷ Familienstand

Die Kinder aus erster Ehe Ihres Partners können, müssen Sie aber nicht angeben. Leben die Kinder allerdings in Ihrem Haushalt und werden sie von Ihnen versorgt, ist es besser, sie anzugeben. Das gilt vor allem dann, wenn Sie im Krankheitsfall der Kinder für deren Betreuung zuständig sind und dann ggf. als Arbeitskraft ausfallen.

❸ Berufserfahrung

Die Bewerberin hat nicht zu viel versprochen, sie verfügt über jahrelange Berufserfahrung. Und diese hat sie zudem sehr gut mithilfe sogenannter Bulletpoint-Listen aufbereitet. Das gestaltet den Lebenslauf besonders übersichtlich. Der Arbeitgeber kann sich so ein Bild von ihren bisherigen Tätigkeiten machen und findet sich im Lebenslauf schnell zurecht.

❹ Ausbildung

Nach derart reichhaltiger und langjähriger Berufserfahrung können Sie Ihre Berufsausbildung getrost nur kurz auflisten. Das genügt auf jeden Fall.

08/83 – 06/89	Realschule in Lüdenscheid
08/79 – 07/83	Grundschule in Lüdenscheid

EDV-Kenntnisse

- MS-Office: Word, Excel, PowerPoint, Outlook
- Lexware, GDI
- BüroWare, HDS, Ventana
- DATEV, HWS

Sonstige Fähigkeiten

- Maschineschreiben (Zehnfingersystem)
- Steno
- Führerschein Klasse 3

Sprachkenntnisse

Englisch: befriedigend

Marburg, 31. Januar 2007

Kommentar zum Lebenslauf von Zoe Quadtländer

❺ Schulnamen

Die Grundschule kann sicherlich also solche genannt werden. Spätestens jedoch die weiterführenden Schulen sollten Sie mit deren Namen aufführen. Weitere Informationen sind dagegen bei langjähriger Berufserfahrung nicht mehr notwendig.

❻ Sonstige Fähigkeiten

Bei Sekretariats- oder Büroaufgaben ist es sicherlich sinnvoll und hilfreich, über Fähigkeiten wie Maschineschreiben oder Steno zu verfügen. Ansonsten findet man diese Fähigkeiten nur noch sehr selten in Lebensläufen. Den Führerschein können, müssen Sie aber nicht angeben – es sei denn, er wird ausdrücklich in der Stellenausschreibung erwähnt (Botenfahrten, Außendienst, Vertrieb).

❼ Sprachkenntnisse

Sicherlich wird immer wieder empfohlen, die eigenen Sprachkenntnisse zu bewerten. Aber geben Sie sich bitte kein „befriedigend". Wenn Sie auf gar keinen Fall „gut" schreiben wollen, lassen Sie eine Bewertung der eigenen Fähigkeiten lieber aus. Das gilt jedoch nur für die englische bzw. die jeweils geforderte Sprache. Verfügen Sie über Sprachkenntnisse, die darüber hinausgehen, verwenden Sie Bewertungen wie Grund- oder Schulkenntnisse, wenn die Kenntnisse nicht „gut" oder besser sind.

Gesamteindruck

Das Anschreiben ließe sich sicherlich verbessern, vor allem stilistisch. Aber es ist authentisch und inhaltlich durchaus aussagekräftig. Der Lebenslauf ist dagegen das Kernstück der Bewerbung und zeichnet ein sehr genaues Bild der Fähigkeiten und Qualifikationen der Bewerberin. Bis auf die sprachlichen Kenntnisse scheint die Bewerberin alle Anforderungen des Stellenprofils zu erfüllen.

Erfolgsaussichten

Ob die Bewerberin die Stelle letzten Endes bekommt, wird sich im Laufe des Vorstellungsgesprächs zeigen, zu dem sie sicherlich eine Einladung erhalten wird.

CD-ROM

Optimierte Bewerbung auf CD

Diese Bewerbung – Anschreiben und Lebenslauf – haben wir für Sie optimiert. Sie finden sie auf Ihrer CD-ROM, direkt zum Übernehmen in Ihre Textverarbeitung.

Bewerbung als Veranstaltungskauffrau

Kurzes Profil der Bewerberin

- Ausbildung zur Bürokauffrau, Weiterbildung zur Veranstaltungskauffrau
- 33 Jahre alt, Mutter eines Sohnes
- Berufserfahren
- Mutterschutz zur Weiterbildung genutzt
- Sehr gute Englischkenntnisse, gute Französischkenntnisse
- Umfangreiche EDV- und IT-Kenntnisse

Wunsch:
Aufgrund eines Berufsortswechsels ihres Mannes sucht die Bewerberin eine neue Stelle am neuen Wohnort.

Idee:
Initiativbewerbung bei der ansässigen Stadtverwaltung mit vorheriger Kontaktaufnahme

Kirsten Tischler
Arminstraße 25
38226 Salzgitter
(05341) 52 64 99
kt@kirstenundjochentischler.de

An
Stadtverwaltung Salzgitter
Personalabteilung
Frau Geinwein
Postfach 8645
38220 Salzgitter

Salzgitter, 3. Februar 2007

① Sehr geehrte Frau Geinwein,

② vielen herzlichen Dank für das freundliche und informative Telefonat am 2. Februar 2007. Ich freue mich, dass ich Ihnen meine Bewerbungsunterlagen zusenden darf und Sie sich bei der Stadtverwaltung und dem näheren Umfeld umhören möchten, ob Verwendung bzw. Interesse an meiner Arbeitskraft besteht.

③ Ich bin ursprünglich gelernte Bürokauffrau, habe aber während meiner Mutterschutzzeit bei der Akademie für Neue Medien eine Ausbildung zur Veranstaltungskauffrau (Eventmanagement) erfolgreich absolviert. Den Beruf der Veranstaltungskauffrau habe ich etwa zweieinhalb Jahre bei der Eventagentur Pirth in Stuttgart ausgeübt. Von der Planung, Organisation und Abwicklung von Veranstaltungen bis hin zur Nachbearbeitung von Events reichte mein Arbeitsspektrum. Während dieser Zeit konnte ich vermehrt unter Beweis stellen, dass ich nicht nur belastbar und zuverlässig bin, sondern auch über ein ausgeprägtes Organisationstalent verfüge. Mehrere Projekte gleichzeitig abzuwickeln stellte für mich keine Belastung, sondern vielmehr eine Herausforderung dar, der ich jedes Mal gewachsen war.

④ Die Stelle musste ich leider Ende des letzten Jahres kündigen, da mein Mann sich beruflich wieder Richtung alte Heimat orientierte. Daher bin ich auf der Suche nach einer neuen beruflichen Aufgabe im Raum Salzgitter. Ich selbst stamme ebenfalls aus Salzgitter, habe meine Ausbildung hier absolviert und kenne noch viele Örtlichkeiten und Besonderheiten der Stadt.

⑤ Am liebsten würde ich natürlich im Bereich Veranstaltungs- bzw. Eventmanagement tätig werden. Ich hätte aber auch an Aufgaben in anderen kaufmännischen Bereichen Interesse. Ich würde mich freuen, wenn Sie mir hierbei behilflich sein könnten.

⑥ Ich möchte mich vorab schon einmal bei Ihnen für Ihr Interesse und Ihr Engagement bedanken und würde ich freuen, wenn ich bald wieder von Ihnen höre.

Bis dahin verbleibe ich

mit freundlichen Grüßen

Kirsten Tischler

Anlagen
- Lebenslauf
- Zeugnisse

Kommentar zum Anschreiben von Kirsten Tischler

❶ Betreffzeile

Die Betreffzeile fehlt ganz. Um dem Leser die Suche nach dem Grund Ihres Schreibens zu erleichtern, sollten Sie stets eine Betreffzeile in Ihr Anschreiben einbauen. Am besten markieren Sie diese fett, damit sie besser auffällt.

❷ Kontaktaufnahme

Wie wertvoll die persönliche Kontaktaufnahme ist, zeigt sich hier. Frau Tischler hat ihre Gesprächspartnerin während des Telefonats so von sich und ihren Leistungen überzeugt, dass sie sich nicht nur bei sich, sondern auch im näheren Umfeld nach einer offenen Stelle oder einer Beschäftigungsmöglichkeit umsehen möchte. Sehr gut gemacht! Die Bewerberin hat das Beste herausgeholt.

❸ Inhalt

Der Anfang dieses Blocks ist etwas holprig geworden, vor allem sprachlich. Doch im zweiten Teil des Abschnitts kommt die Bewerberin zur Sache. Sie beschreibt ihre Qualifikationen und untermauert sie mit Belegen aus ihrem Alltag.

❹ Gründe für Wechsel

Die Gründe für den angestrebten Wechsel sind glaubhaft und nachvollziehbar. Die eigene Herkunft hat Frau Tischler gut ins Spiel gebracht. Als Veranstaltungskauffrau bzw. Eventmanagerin ist es immer von Vorteil, die Örtlichkeiten sowie die Menschen zu kennen – das gilt vor allem im kleinstädtischen Bereich. Beziehungen können sehr wertvoll sein!

❺ Flexibilität

Wenn Sie bezogen auf Ihre Tätigkeit derart flexibel sind, sollte das auf jeden Fall in Ihr Anschreiben. Das stellt Ihre Einsatzbereitschaft sowie Ihren Willen zu arbeiten unter Beweis.

❻ Dank

Wenn sich jemand derart für Sie einsetzen möchte, sollten Sie ihm auf jeden Fall dafür danken!

Lebenslauf

Persönliche Daten

Name	Kirsten Tischler
Kontaktdaten	Arminstraße 25
	38226 Salzgitter
	(05341) 52 64 99
	kt@kirstenundjochentischler.de
Familienstand	verheiratet, 34 Jahre alt, einen Sohn
Staatsangehörigkeit	deutsch

Berufliche Erfahrungen

05/2004 bis 01/2007	Eventagentur Pirth, Stuttgart
	Veranstaltungskauffrau
	- Planung, Organisation und Abwicklung von Firmenveranstaltungen, Firmenreisen, Hochzeiten und Privatveranstaltungen
	- Promotion
	- Abrechnung, Buchhaltung
	- Erstellen von Einladungen und Ablaufkarten
	- Kundenakquise, Kundenbetreuung und -beratung
	- Nachbereitung: Erstellen sogenannter Erinnerungsmaterialien
03/2000 bis 04/2004	Mutterschutz
	Weiterbildung zur Veranstaltungskauffrau, Eventmanagement (siehe unten)
11/1997 bis 03/2000	Nägele GmbH, Esslingen am Neckar
	Bürokauffrau
	- Auftrags- und Rechnungsbearbeitung, Fakturierung
	- Terminverfolgung
	- Büromaterialverwaltung
	- Dokumentation, Ablage
	- Postein- und -ausgang
	- Erstellen und Bearbeiten von Präsentationen
	- Planung und Organisation interner Firmenveranstaltungen sowie von Veranstaltungen für Kunden und Geschäftspartner
09/1992 bis 06/1997	Reimer GmbH, Salzgitter
	Bürokauffrau
	- Auftrags- und Rechnungsbearbeitung
	- Lagerhaltung
	- Buchführung
	- Kostenrechnung, Kostenkontrolle
	- Stammdatenpflege

Kommentar zum Lebenslauf von Kirsten Tischler

❶ Layout

Das Layout des Lebenslaufs ist ansprechend und übersichtlich gelungen. Lob!

❷ Geburtsort

Die Bewerberin hat ihr Alter eingebaut, nicht aber ihren Geburtsort. An sich nicht weiter schlimm. Sie betont im Anschreiben jedoch ihre Herkunft – berechtigt. Das Anschreiben an die Kontaktperson wird aber bei der Weiterreichung der Unterlagen auf der Strecke bleiben. Frau Tischler sollte daher daran denken, ihren Geburtsort auch in den Lebenslauf einzubauen.

Vorsicht: Wenn Sie Ihr Alter und nicht Ihr Geburtsdatum angeben, müssen Sie die Daten stets aktualisieren. Das vergisst man schnell! Sicherer ist daher, den Geburtstag anzugeben.

❸ Berufserfahrung

Die Bewerberin hat ihre Berufserfahrung hervorragend aufbereitet.

❹ Mutterschutz

Die Zeit ihres Mutterschaftsurlaubs hat die Bewerberin dazu genutzt, sich beruflich voranzubringen. Beides in einem Punkt im Lebenslauf zu vereinen ist eine gute Idee. Die Bewerberin beweist, dass sie belastbar ist und beruflich vorankommen möchte.

❗ EXPERTEN-TIPP

Ihr „Bild" im Internet

Immer mehr Personalentscheider nutzen das Internet, um sich ein Bild von den Bewerbern zu machen. Achten Sie also darauf, was man über Sie im Netz finden kann. Dabei ist nicht nur Ihre eigene Homepage für den Personaler interessant. Informationen über Sie können überall lauern:

- Ihre ganz persönliche Homepage
- Internetforen (Ihre Einträge in Foren)
- Gästebücher (Ihre Einträge etc.)
- Firmenportale (Sie als Mitarbeiter)
- Internetseiten Ihrer Vereine etc. (Bilder der letzten Weihnachtsfeier usw.)
- Internetseiten Ihrer Freunde (Bilder, Interna aus dem letzten Urlaub usw.)
- Freunde-Suchmaschine wie beispielsweise www.stayfriends.de
- Video-Suchmaschinen (immer mehr Privatleute stellen ihre Videos ein)
- usw.

Schul- und Berufsausbildung

01/2001 bis 01/2004	**Akademie für Neue Medien, Stuttgart**
	Ausbildung zur Veranstaltungskauffrau, Eventmanagement
	Schwerpunkte der Ausbildung
	- Marketing
	- Finanzbuchhaltung
	- Veranstaltungssicherheit
	- Planung und Organisation von Veranstaltungen und Events
	- Durchführung von Veranstaltungen und Events
	- Veranstaltungstechnik
09/1989 bis 08/1992	Reimer GmbH, Salzgitter
	Ausbildung zur Bürokauffrau
07/1981 bis 06/1987	Lena-Christ-Realschule, Braunschweig
	Mittlere Reife
07/1977 bis 06/1981	Grundschule, Braunschweig

Fortbildung

02/2006 bis 11/2006	Wall Street Institute, Stuttgart
	Sprachkurs: English @nytime
08/2002 bis 07/2003	Volkshochschule Stuttgart
	Sprachkurs: Französich II und III

EDV-Kenntnisse

- Word, Excel, PowerPoint, Outlook, Access, Project etc.
- PPS
- QuarkXpress, PhotoShop
- Sage KHK, DATEV

Sprachkenntnisse

Englisch: sehr gut
Französisch: gut

Salzgitter, 19. Januar 2007

❺ Weiterbildung

Die Bewerberin führt hier die Lehrinhalte ihrer Weiterbildung zur Veranstaltungskauffrau aus. Das ist prinzipiell nicht notwendig, weil sie bereits über Berufserfahrung verfügt. Es schadet aber auch nicht!

❻ Sprachkurse

Sprach- und Fortbildungskurse jeglicher Art gehören in einen Lebenslauf. Sie untermauern nicht nur die Qualifikation des Bewerbers, sondern auch sein Eigenengagement.

❼ Aktualität

Wenn Sie ein Tagesdatum unter Ihren Lebenslauf setzen, sollte es auch aktuell sein und mit dem Datum auf dem Anschreiben übereinstimmen.

Gesamteindruck

Die Bewerbungsmappe von Frau Tischler macht einen guten und soliden Eindruck. Hier und da können ein paar Kleinigkeiten verbessert werden (Geburtsdatum bzw. Geburtsort sowie die Abgleichung der Datumsangaben von Anschreiben und Lebenslauf) und das Anschreiben könnte an manchen Stellen etwas flüssiger formuliert werden. Dann ist die Initiativbewerbung jedoch eine runde und durchaus ansprechende Sache.

Erfolgsaussichten

Die Erfolgsaussichten von Frau Tischler hängen sicherlich davon ab, ob tatsächlich personeller Bedarf besteht. Die Bewerberin hat jedoch die Weichen richtig gestellt!

CD-ROM

Optimierte Bewerbung auf CD

Diese Bewerbung – Anschreiben und Lebenslauf – haben wir für Sie optimiert. Sie finden sie auf Ihrer CD-ROM, direkt zum Übernehmen in Ihre Textverarbeitung.

> **EXPERTEN-TIPP**
>
> Arbeit suchend
>
> Sicherlich befindet sich die Bewerberin auf Jobsuche und ist derzeit ohne Anstellung. Arbeit suchend bzw. arbeitslos klingt in den Bewerbungsunterlagen allerdings nicht sonderlich gut und sollte deshalb nur dann verwendet werden, wenn Sie tatsächlich schon seit einiger Zeit auf der Suche nach einer neuen Anstellung sind. Einen Zeitraum von rund drei Monaten müssen Sie deshalb noch nicht derart deklarieren.

Bewerbung eines Hotelkaufmanns

Kurzes Profil des Bewerbers
- Hotelkaufmann
- Stellvertretender Geschäftsführer
- Langjährige Berufserfahrung
- Personalverantwortung
- Haushaltsplanung und -aufstellung

Wunsch:
Berufliche Veränderung, beruflicher Aufstieg
Wünscht sich neues Aufgabenfeld, neue Herausforderung

Idee:
Bewerbung um die Leitung eines Jugendhotels bzw. Landschulheims

Lars Kleinschuh ~ Lempweg 6 ~ 45468 Mühlheim a.d. Ruhr

Telefon: 0208 / 42 12 535 ~ Mobil: 0172 / 34 66 755 ~ E-Mail: LarsKleinschuh@aol.com

An
Personalagentur Luttheimer & Partner
Herr Wenger
Heinemannring 134
65192 Wiesbaden

Mühlheim an der Ruhr, 14. Februar 2007

Betreff: Bewerbung als Leiter eines Jugendhotels bzw. Schullandheims, Ihre Anzeige vom 12. Februar 2007 im Stellenmarkt der Frankfurter Allgemeinen Zeitung

Sehr geehrter Herr Wenger,

wie ich der Frankfurter Allgemeinen Zeitung entnommen habe, suchen Sie für einen Ihrer Kunden einen Leiter für ein Jugendhotel bzw. ein Schullandheim im Köln-Bonner Raum. Angesichts meiner beruflichen Erfahrung halte ich mich für diese Tätigkeit prädestiniert.

Ich arbeite derzeit als stellvertretender Geschäftsführer eines Drei-Sterne-Hotels in Oberhausen. Allerdings möchte ich mich beruflich verändern, mich beruflich verbessern. Aufgrund der familiären Strukturen meines derzeitigen Arbeitgebers ist dies an meiner jetzigen Wirkungsstätte allerdings nicht möglich. Ein Arbeitgeberwechsel ist daher unausweichlich.

Die Leitung eines Jugendhotels bzw. eines Schullandheims kann ich mir als nächsten Karriereschritt sehr gut vorstellen. Als stellvertretender Geschäftsführer habe ich bereits Erfahrung mit der Führung eines Hotels sammeln und unter Beweis stellen können. Neben den alltäglichen verwaltungs- und organisatorischen Aufgaben arbeite ich eng mit der Geschäftsführung zusammen, vor allem bei Fragen der strategischen Weiterentwicklung des Hotels oder bei Marketing-Angelegenheiten. Zudem war ich eigenverantwortlich für die Belegung, Kalkulation und Abrechnung der Zimmer zuständig.

Auch die Gestaltung des Freizeitprogramms der jugendlichen Gäste sowie die Betreuung ausländischer Gäste dürften für mich kein Problem darstellen. Ich war für einen meiner vorangegangenen Arbeitgeber für das Freizeitangebot der Gäste zuständig. Zudem habe ich dort zahlreiche Conciergeaufgaben übernommen. Da wir viele internationale Gäste beherbergen, gehört die englische Sprache zu meinem Arbeitsalltag.

Ich hoffe, ich konnte Sie von mir und meinen Qualifikationen überzeugen. Über eine Rückmeldung Ihrerseits würde ich mich freuen. Für weitere Fragen stehe ich Ihnen gerne unter meiner Mobilfunknummer zur Verfügung. Da ich mich in einem ungekündigten Arbeitsverhältnis befinde, möchte ich Sie bitten, meine Unterlagen vertraulich zu behandeln und mich vor einer anderweitigen Weitergabe meiner Unterlagen zu kontaktieren.

Ich bedanke mich für Ihr Bemühen.

Freundliche Grüße

Lars Kleinschuh

Anlagen
- Lebenslauf

Kommentar zum Anschreiben von Lars Kleinschuh

❶ Briefkopf

Der Bewerber hat einen sehr ansprechenden Briefkopf gewählt. Er beinhaltet alle wichtigen Informationen und ist dennoch sehr platzsparend. Das ist vor allem dann von Vorteil, wenn der eigentliche Text des Anschreibens sehr umfangreich ausfällt.

❷ Selbstbewusstsein

Der Bewerber sollte sicherlich eine gesunde Portion Selbstbewusstsein in seine Bewerbungsunterlagen packen, dennoch ist Vorsicht geboten. Sich für eine Stelle als „prädestiniert" zu halten ist eine Sache, es so auch zu formulieren eine andere. Manchen Personalern dürfte dies zu forsch und zu selbstüberzeugt sein. Seien Sie mit derartigen Ausdrücken vorsichtig, auch wenn sie prinzipiell nicht falsch sind. Eine abgeschwächte, aber dennoch ausdrucksstarke Alternative wäre „bestens geeignet". Mit ihr tragen Sie bei Weitem nicht so dick auf und treten niemandem auf die Füße.

❸ Satzbau

Verkünsteln Sie sich beim Satzbau oder bei Ihrer Ausdrucksweise nicht zu sehr. Schreiben Sie sachlich und leicht verständlich. Das kommt bei den meisten Lesern wesentlich besser an.

❹ Aufgaben

Der Bewerber beschreibt hier zwar die Aufgaben, die er später im Lebenslauf aufführt. Aber er stellt sie in Bezug zur ausgeschriebenen Stelle und ergänzt sie qualitativ. Inhaltlich: sehr gut!

❺ Qualifikation

Auch hier gelingt es dem Bewerber sehr gut, seine Qualifikationen ins richtige Licht zu rücken und eine Verbindung zwischen sich und den neuen Aufgaben zu bauen.

❻ Diskretion

In manchen Branchen wird viel und schnell geredet. Da ist es verständlich, sich Verschwiegenheit zu wünschen. Der Wunsch, die eigenen Unterlagen vertraulich zu behandeln und nur auf Rücksprache weiterzureichen, sichert den Bewerber ab. Zwar kann man davon ausgehen, dass sich Headhunter oder Personalagenten an diese Regel ohne weitere Erinnerung halten (sollten), doch sicher ist sicher!

Lars Kleinschuh ~ Lempweg 6 ~ 45468 Mühlheim a.d. Ruhr
Telefon: 0208 / 42 12 535 ~ Mobil: 0172 / 34 66 755 ~ E-Mail: LarsKleinschuh@aol.com

Lebenslauf

Persönliches

Geboren am 24.09.1974, Mörs
Geschieden, keine Kinder, deutsch

Berufserfahrung

10/02 bis dato	Hotel Dreischütten, Oberhausen angestellt als Hotelkaufmann Aufgabenbereiche - Haushaltsplanung und -aufstellung - Verwaltungs- und Ablaufaufgaben - Personaleinstellung, Personalverantwortung - Erarbeitung von Arbeitsplänen - Abrechnung, Belegung
05/99 bis 08/02	Hotel Drei Eichen, Wuppertal angestellt als Hotelkaufmann Aufgabenbereiche - Verwaltungs- und Ablaufaufgaben - Personaleinstellung - Erarbeitung von Arbeitsplänen - Abrechnung, Belegung
09/97 bis 04/99	Hotel Gundler, Mönchengladbach angestellt als Hotelkaufmann Aufgabenbereiche - Abrechnung, Belegung - Gestaltung des Freizeitangebots für die Gäste - weitere Conciergeaufgaben
09/94 bis 08/97	Hotel Gundler, Mönchengladbach Ausbildung zum Hotelkaufmann

Kommentar zum Lebenslauf von Lars Kleinschuh

❶ Layout

Äußerst ansprechendes Layout. Das gilt sowohl für die Kopfzeile als auch für die Gestaltung der persönlichen Daten. Rechts daneben ist genügend Platz für ein aussagekräftiges Foto. Auch die einzelnen Berufsstationen sind übersichtlich aufgeführt.

❷ Position

Wer das Anschreiben aufmerksam gelesen hat, wird sich erinnern: Der Bewerber arbeitet derzeit als stellvertretender Geschäftsführer. Im Lebenslauf bezeichnet er sich als Hotelkaufmann. Das ist prinzipiell natürlich nicht falsch, aber eben zu ungenau und unter Wert. Understatements dieser Art sind bei Bewerbungsunterlagen nicht nur unnötig, sondern fahrlässig. Denn nicht alle Personaler lesen Anschreiben und Lebenslauf sorgfältig durch. Jeder hat seine bevorzugte Vorgehensweise. Die meisten überfliegen mindestens eines der beiden Unterlagen. Eine Position wie die des stellvertretenden Geschäftsführers dürfen Sie also keinesfalls unter den Tisch fallen lassen.

❸ Berufserfahrung

Die einzelnen Berufsstationen und damit seine Qualifizierung hat der Bewerber gut herausgearbeitet und übersichtlich dargestellt.

❹ Personalverantwortung

Wer Personalverantwortung innehat, sollte auf diese auch genauer eingehen. Immerhin hat der Bewerber auch eine Ausbildereignungsprüfung abgelegt. Der Leser wird sich fragen, wie viele Mitarbeiter dem Bewerber unterstehen: zwei, drei oder zwanzig Mitarbeiter? Für die Führung eines Jugendhotels ist dies eine entscheidende Frage.

❺ Platz füllen

Die Gestaltung der ersten Seite des Lebenslaufs ist wesentlich wichtiger als die der zweiten Seite. Bei diesem Lebenslauf ist am unteren Seitenrand noch Platz, der Bewerber hätte eventuell noch seine Schulausbildung unterbekommen. Nutzen Sie den Platz, den Sie haben – eventuell auch für ein Kurzprofil, unmittelbar nach den persönlichen Daten. So hat der Leser alle wichtigen Informationen auf einen Blick.

Schulausbildung

07/84 bis 06/94	Franz-Meyers-Gymnasium, Mönchengladbach Abschluss: Abitur
07/80 bis 06/84	Anton-Heinen-Grundschule, Mönchengladbach

Fortbildung

2004	Ausbildereignungsprüfung

Sonstige Qualifikationen

IT bzw. EDV	- MS Office (Word, Excel, PowerPoint etc.) - SITHOTEL - HSTeam Hotel - AIDA - HTML, Internet, Mailprogramme
Sprachen	Englisch: verhandlungssicher (tägliche Anwendung) Französisch: gut (mehrere VHS-Kurse) Spanisch: Grundkenntnisse (Selbststudium)

Mühlheim a. d. Ruhr, 14. Februar 2007

(6) Schulausbildung

Wer über eine langjährige Berufserfahrung verfügt, kann die Schulzeit getrost derart kurz fassen. Dennoch sollte sie zur Vollständigkeit der Unterlagen aufgeführt werden. Während Sie den Namen der Grundschule fallen lassen können, sollten Sie die weiterführende Schule zumindest namentlich benennen.

(7) Fortbildung

Fortbildungen dieser Art gehören auf jeden Fall in den Lebenslauf.

(8) EDV und IT

Die Liste ist umfangreich und aussagekräftig.

Gesamteindruck

Optisch eine gelungene Bewerbung. Inhaltlich lässt sich noch ein wenig daran arbeiten, vor allem an den formalen Inhalten im Lebenslauf (stellvertretender Geschäftsführer).

Erfolgsaussichten

Der Bewerber bringt alle Voraussetzungen für die ausgeschriebene Stelle mit und kann dies auch gut vermitteln. Die Chancen, dass die Unterlagen an den Arbeitgeber weitervermittelt werden, stehen gut. Denken Sie daran: Personalagenturen treffen immer eine Vorauswahl an Kandidaten, die dann an den eigentlichen Kunden weitergereicht werden. Sind Sie dabei, stehen Ihre Chancen auf ein Gespräch sehr gut!

CD-ROM

Optimierte Bewerbung auf CD

Diese Bewerbung – Anschreiben und Lebenslauf – haben wir für Sie optimiert. Sie finden sie auf Ihrer CD-ROM, direkt zum Übernehmen in Ihre Textverarbeitung.

EXPERTEN-TIPP

Unterlagen für Headhunter und Personalagenturen bzw. -beratungen

Headhuntern und Personalagenturen bzw. -beratungen müssen Sie nicht gleich all Ihre Unterlagen zur Verfügung stellen. Ein Anschreiben sowie ein ausführlicher Lebenslauf genügt fürs Erste. Werden mehr Unterlagen benötigt, wird man Sie danach fragen. Wenn Sie sich unsicher im Umgang mit Personalagenten fühlen, können Sie Ihren Lebenslauf auch anonymisieren. Sie lassen dann Ihren Namen sowie die Namen Ihrer Arbeitgeber aus. Inhaltlich bleibt jedoch alles beim Alten.

Bewerbung einer pharmazeutisch-kaufmännischen Angestellten (PKA)

Kurzes Profil der Bewerberin

- Pharmazeutisch-kaufmännische Angestellte
- Weiblich, 30 Jahre alt, eine Tochter
- Langjährige Berufserfahrung
- Pendlerin, bis zu einer Stunde Fahrzeit je nach Verkehrslage

Wunsch:
Wohnortsnahe Anstellung

Idee:
Bewerbung auf eine Stellenanzeige

Madita Anderfall

Kaiserstraße 19 in 75180 Pforzheim

(07231) 15 12 44

Clausener Apotheke
Karlstraße 21
70596 Stuttgart

① **Bewerbung als PKA, Ihre Stellenausschreibung in der Stuttgarter Zeitung**

Stuttgart, 20. Februar 2007

Sehr geehrte Damen und Herren,

② wie ich der Stuttgarter Zeitung entnehmen kann, sind Sie auf der Suche nach einer erfahrenen und qualifizierten pharmazeutisch-kaufmännischen Angestellten. Ich verfüge über langjährige Erfahrung als PKA und würde mich auch als qualifiziert bezeichnen. Daher möchte ich mich um diese Stelle bewerben.

③ Zurzeit arbeite ich als PKA in der Rathaus-Apotheke in Pforzheim. Meine Familie lebt allerdings in Stuttgart, mein Lebensmittelpunkt liegt daher auch hier. Aus diesem Grund würde ich auch gerne eine Stelle in Stuttgart oder der näheren Umgebung antreten.

④ Wie Sie meinem Lebenslauf entnehmen können, habe ich derzeit eine vielseitige Aufgabe, die mit einiger Verantwortung verbunden ist. Neben den üblichen Tätigkeiten einer PKA obliegen mir alleinverantwortlich auch die Sortimentsgestaltung sowie die Preiskalkulation. Erfahrungen habe ich auch im Bereich Versandapotheke. Diesen Bereich bauen wir derzeit verstärkt auf. An der neuen Ausrichtung der Rathaus-Apotheke habe ich maßgeblich mitgewirkt und mitgearbeitet.

⑤ Meine Kündigungsfrist beträgt sechs Wochen zum Monatsende. Ich wäre also recht kurzfristig verfügbar. Meine Gehaltsvorstellungen liegen im üblichen Bereich.

Ich würde mich über die Einladung zu einem persönlichen Gespräch sehr freuen. Für weitere Fragen stehe ich Ihnen sehr gerne auch telefonisch zur Verfügung.

Freundliche Grüße

Madita Anderfall

Anlagen
- Lebenslauf
- Arbeitszeugnisse
- Ausbildungszeugnisse

Kommentar zum Anschreiben von Madita Anderfall

❶ Anordnung

Die Datumszeile kommt in der Regel vor die Betreffzeile. Beide sollten also den Platz tauschen.

❷ Einstieg

Der Einstieg ins Anschreiben ist zwar keine Meisterleistung, aber die Bewerberin geht immerhin schon auf die ersten Qualifikationskriterien der Stellenausschreibung ein.

❸ Gründe für den Wechsel

Die Gründe für den angestrebten Arbeitgeberwechsel sind überzeugend, nachvollziehbar und hinterlassen keinen bitteren Nachgeschmack.

❹ Qualifikationen

Die Bewerberin spricht hier davon, dass sie beim Aufbau des Konzepts der Versandapotheke maßgeblich mitgearbeitet hat. Sehr gut! Doch leider: Im Lebenslauf erwähnt sie davon nichts. Gleichen Sie Ihre Informationen genau ab, damit Ihnen nichts verloren geht.

❺ Länge des Anschreibens

Genau betrachtet hat das Anschreiben nur zwei bis zweieinhalb inhaltlich relevante Absätze. Das ist eigentlich zu wenig. In der Regel sollten es mindestens drei Absätze sein.

EXPERTEN-TIPP

Eintrittstermin und Gehalt

Wenn der Arbeitgeber explizit darum bittet, einen Eintrittstermin sowie Ihre Gehaltsvorstellungen zu nennen, sollten Sie darauf nicht verzichten – auch wenn Sie sich bei Ihrer Gehaltsvorstellung noch unsicher sind. Nutzen Sie für eine Einschätzung ggf. unseren Gehaltsrechner auf der beiliegenden CD-ROM. Gehen Sie allerdings nicht unter Ihre Minimalvorstellungen, sondern eher etwas darüber.

Madita Anderfall

Kaiserstraße 19 in 75180 Pforzheim

(07231) 15 12 44

Lebenslauf

- Madita Anderfall
- Geboren am 3. April 1976 in Augsburg
- Verheiratet, eine Tochter
- Deutsche Staatsangehörigkeit
- Belastbar, flexibel, zuverlässig, zielstrebig
- Offen für Neues, sehr gute Auffassungsgabe, hohe Lern- und Leistungsbereitschaft

Festanstellungen

Seit Feb 03	Rathaus-Apotheke, Pforzheim
	Pharmazeutisch-kaufmännische Angestellte
	- Versandvorbereitung und -abwicklung
	- Warenbestellung und -annahme
	- Rechnungsstellung
	- Preiskalkulation
	- Sortimentsüberwachung
	- Sortimentsgestaltung
	- Warenkontrolle
	- Lieferservice
Jul 99 bis Dez 02	Vita Apotheke, Stuttgart
	Pharmazeutisch-kaufmännische Angestellte
	- Kundenberatung
	- Sortimentsüberwachung
	- Warenbestellung und -annahme
	- Warenkontrolle
Okt 98 bis Juni 99	Mutterschaftsurlaub
	Umzug nach Stuttgart
Okt 95 bis Okt 98	Sonnen-Apotheke, Augsburg
	Pharmazeutisch-kaufmännische Angestellte
	- Kundenberatung
	- Sortimentsüberwachung
	- Warenbestellung und -annahme
	- Warenkontrolle
Sep 92 bis Sep 95	Sonnen-Apotheke, Augsburg
	Ausbildung zur PKA (Pharmazeutisch-kaufmännischen Angestellten)

Kommentar zum Lebenslauf von Madita Anderfall

❶ Kurzprofil

Ein Kurzprofil zu Beginn des Lebenslaufs ist immer eine gute Sache. Der Leser erfährt sofort die wichtigsten Eckpunkte Ihres Lebenslaufs. Außerdem können Sie so die Erwartungen des Lesers steuern und ungeliebten Punkten in Ihrer Vita den Schrecken nehmen, da die Punkte im Kurzprofil im Gedächtnis bleiben werden. Allerdings handelt es sich hier nicht um ein richtiges Kurzprofil, die wichtigsten Eckpfeiler fehlen. Es ist lediglich eine ausgiebigere Fassung der persönlichen Daten, ergänzt um ein paar sogenannte Soft Skills.

❷ Formatierungen

Formatierungen sind dazu da, Dokumente zu strukturieren und übersichtlicher zu machen. Sie sollten jedoch ins Bild passen. Die kursive Markierung der Überschriften hier macht wenig Sinn und sieht zudem unschön aus. Eine fette Markierung reicht aus und verändert den Stil der Seite nicht. Achten Sie auch darauf, nicht zu viel zu formatieren. Denn das kann ein Dokument unübersichtlich und unruhig machen.

❸ Berufserfarung

Die einzelnen Berufsstationen hat die Bewerberin gut erfasst und übersichtlich dargestellt. Wie aus dem Anschreiben ersichtlich, sind die Aufgaben jedoch nicht vollständig erfasst (vgl. Kommentar zum Anschreiben).

EXPERTEN-TIPP

Erstellen Sie ein Kurzprofil

In ein aussagekräftiges Kurzprofil gehören:
- Ihre derzeitige bzw. bislang höchste berufliche Position
- Ihre Berufserfahrung (ggf. Jahre angeben)
- Gegebenenfalls Personalverantwortung, wie viele Mitarbeiter
- Gegebenenfalls Umsatzvolumen
- Alter
- Schwerpunkte
- Soft Skills, Stärken
- Sonstige nennenswerte Qualifikationen (Sprachkenntnisse, EDV-Kenntnisse), je nach Art der Stelle

Schullaufbahn

    Sep 86 bis Juni 92   Heinrich-von-Buz-Realschule, Augsburg
                                    Realschulabschluss, Note: 2,2
    Sep 82 bis Juli 86   Drei-Auen-Volksschule, Augsburg

Zusätzliche Qualifikationen

EDV	- MS Office
	- ApoSTAR, ApoDruck
	- ADG
Fortbildung	- Industrie- und Handelskammer Pforzheim (März 06 bis Mai 06)
	Zertifikatslehrgang Wellnessberater
Sprachen	- Englisch (gut)
	- Französisch (Schulkenntnisse)
	- Italienisch (Grundkenntnisse aus dem Urlaub)
Führerschein	Klasse 3

❹ EDV-Kenntnisse

Die EDV-Kenntnisse sind etwas spärlich bzw. lieblos ausgefallen. Wenn Ihre EDV/IT-Liste nicht unübersichtlich lang ist, empfiehlt es sich, die MS-Office-Anwendungen etwas ausführlicher darzustellen. Der Platz hierfür ist ja vorhanden.

❺ Führerschein

Angesichts des Lieferservice, den die Apotheke anbietet und bei dem die Mitarbeiterin eventuell hier und da für den Kurier eingesprungen ist, wenn Not am Mann war, ist die Nennung des Führerscheins in Ordnung. Prinzipiell ist dessen Nennung allerdings nur bei entsprechenden Berufen notwendig (Kurierdienst, Außendienstmitarbeiter, Vertrieb, Taxifahrer, Lastwagenfahrer etc.).

❻ Ort und Datum

Um die Aktualität Ihres Lebenslaufs zu unterstreichen, sollten Sie ihn mit Ort und Datum versehen. Unterschreiben können Sie ihn, müssen es aber nicht.

Gesamteindruck

Prinzipiell hat die Bewerberin keine schwerwiegenden Fehler bei Lebenslauf und Anschreiben gemacht. Das Anschreiben könnte sie etwas länger gestalten und etwas mehr Inhalt hineinpacken. Der Lebenslauf weist nur kleine, nahezu vernachlässigbare Fehler auf. Insgesamt also eine durchschnittliche Bewerbung, die sicherlich nicht ohne Beachtung bleibt.

Erfolgsaussichten

Ob die Kandidatin zu einem Vorstellungsgespräch eingeladen wird, lässt sich nicht mit Sicherheit sagen. Aber es spricht trotz leichter Mängel nicht viel dagegen.

CD-ROM

Optimierte Bewerbung auf CD

Diese Bewerbung – Anschreiben und Lebenslauf – haben wir für Sie optimiert. Sie finden sie auf Ihrer CD-ROM, direkt zum Übernehmen in Ihre Textverarbeitung.

> **EXPERTEN-TIPP**
>
> **Bewerbung per E-Mail**
>
> Immer mehr Unternehmen bieten Ihnen die Möglichkeit an, Ihre Bewerbungsunterlagen online zu versenden, manche Arbeitgeber fordern dies sogar. Nehmen Sie diese Bewerbungen ebenso ernst wie Bewerbungen, die Sie per Post schicken. Achten Sie dabei auf folgende Punkte:
>
> - Erarbeiten Sie ein Anschreiben und einen Lebenslauf. Dabei gelten die gleichen Kriterien wie für Bewerbungen auf dem Postweg.
> - Während Sie Lebenslauf und Zeugnisse als angehängte Dateien verschicken, gehört Ihr Anschreiben in die eigentliche Mail.
> - Hängen Sie nicht zu viele Dateien an Ihre E-Mail, das macht die Bewerbung unübersichtlich. Ihre Mail sollte nicht größer als maximal 1Mbyte sein.
> - Verwenden Sie gängige Dateiformate wie Word. Personaler sind in der Regel nicht bereit, sich ein Softwareprogramm (etwa OpenOffice etc.) aus dem Internet herunterzuladen, nur um eine Bewerbung zu öffnen. Als Alternative können Sie Ihre Unterlagen auch als PDF verschicken.
> - Achten Sie auf eine seriöse E-Mail-Adresse. Adressen wie Schnuckelchen34@web.de oder ich1775@yahoo.de werden von den Personalern nicht als Bewerbung, sondern als Spam deklariert und gelöscht. Meist sortieren Filter derartige Mails aus. Sie kommen dann erst gar nicht bei den betreffenden Personen an.
> - Gestalten Sie Ihre Unterlagen nicht zu aufwendig. Die Bewerbung sollte auf anderen Bildschirmen auch noch gut aussehen. Vermeiden Sie daher ausgefallene Formatierungen, Schriftformen oder Sonderzeichen. Verwenden Sie eine Tabellenfunktion, dann verrutschen Ihre Daten nicht so leicht. Schicken Sie Ihre Mail vorab an sich und ein bis zwei Freunde zur Kontrolle. Dabei können Sie auch gleich den Inhalt prüfen lassen.
> - Richten Sie Ihre Mail an die richtige Kontaktperson. Nehmen Sie gegebenenfalls Kontakt mit der Telefonzentrale oder der betreffenden Person auf, damit die Mail-Adresse stimmt und Ihre Mail nicht verloren geht.

Bewerbung eines Einzelhandelskaufmanns

Kurzes Profil des Bewerbers
- Abteilungsleiter im Einzelhandel
- Bereich Lebensmittel, Frischwarenabteilung
- Personalverantwortung, sechs Mitarbeiter
- Kundenberatung und Verkauf
- Einkauf, Rechnungswesen

Wunsch:
Herr Blatt ist auf der Suche nach einer neuen Anstellung, da seine Filiale geschlossen wird und derzeit keine andere Anstellung im eigenen Unternehmen in Sicht ist.

Idee:
Initiativbewerbung bei einer Handelskette

❶ Felix Blatt
Amalienstraße 14
90491 Nürnberg
0911/67 44 396

Biofruit Erlangen
Personalabteilung
Langstraße 75
91502 Erlangen

Nürnberg, 1. März 2007

❷ **Bewerbung als Abteilungsleiter**

Sehr geehrte Damen und Herren,

❸ ich bin 32 Jahre alt und möchte mich bei Ihnen um eine Anstellung als Abteilungsleiter bewerben. Derzeit arbeite ich als Abteilungsleiter im Einzelhandel im Bereich Biokost. Ich leite die Frischwarenabteilung. Mir unterstehen dabei fünf Mitarbeiter.

Meine kaufmännische Ausbildung habe ich im Einzelhandel absolviert. Ich kenne die Arbeitsweise sowie die Abläufe also von der Pike auf. Dennoch bin ich immer gerne bereit, mich in neue Gebiete einzuarbeiten und mich neuen Ideen zu stellen. In der Vergangenheit habe ich meine Innovation und Kreativität immer wieder unter Beweis stellen können und würde dies gerne auch in Ihrem Unternehmen tun.

❹ Erfolg bedeutet für mich kundenorientiertes Verkaufen, gute Dienstleistung, Kreativität und innovative Ideen, übereinstimmend mit Qualität. Meine Erfahrungen zeigen mir, dass es keine Probleme, sondern nur Herausforderungen gibt. Der Herausforderung in Ihrem Unternehmen würde ich mich gerne stellen.

Mit mir gewinnen Sie einen selbstständigen, offenen und loyalen Mitarbeiter, auf den Sie sich verlassen können.

Ich würde mich über eine positive Antwort Ihrerseits freuen und stehe Ihnen natürlich jederzeit gerne für weitere Fragen zur Verfügung.

Ich verbleibe mit freundlichen Grüßen

Felix Blatt

Anlagen
- Ausbildungszeugnisse
- Arbeitszeugnisse

Kommentar zum Anschreiben von Felix Blatt

❶ Briefkopf

Ein schlichter und einfacher Briefkopf, an dem zwar nichts auszusetzen ist, den der Bewerber aber gerne auch etwas kreativer gestalten darf bzw. könnte.

❷ Betreffzeile

Wenn Sie eine Initiativbewerbung starten, sollten Sie dies in der Betreffzeile erwähnen. Andernfalls sind Ihre Bewerbungsunterlagen nur schwer zuzuordnen.

❸ Gründe für den Wechsel

Herr Blatt arbeitet als Abteilungsleiter und bewirbt sich für den Posten eines Abteilungsleiters. Die Gründe für den angestrebten Wechsel nennt er leider nicht. Sie werden auch aus dem weiteren Verlauf des Anschreibens nicht ersichtlich. Nennen Sie die Gründe für Ihren geplanten Wechsel.

❹ Inhalt

Inhaltlich sagt das Anschreiben von Herrn Blatt nichts aus. Vielmehr wirken seine Sätze, als hätte er sie aus verschiedenen Anschreiben, die er irgendwo gefunden hat, zusammengesetzt. Eine Plattitüde folgt der nächsten. Dieses Anschreiben wirkt keinesfalls authentisch.

EXPERTEN-TIPP

Nutzen Sie das Anschreiben

Unterschätzen Sie die Notwendigkeit und die Wirkung des Anschreibens nicht. Erarbeiten Sie ein aussagekräftiges Anschreiben und zeichnen Sie damit ein überzeugendes Bild von sich und Ihren Qualitäten. Beachten Sie dabei folgende Punkte:

- Führen Sie Ihre bisherigen Tätigkeiten kurz an.
- Begründen Sie, warum Sie für das Unternehmen arbeiten möchten.
- Erklären Sie, warum Sie sich beruflich verändern möchten.
- Kommen Sie auf Ihre Fähigkeiten, Stärken und sozialen Kompetenzen zu sprechen.
- Schaffen Sie eine Verknüpfung zwischen Ihren Fähigkeiten und den Anforderungen und Wünschen des Arbeitgebers.
- Führen Sie den Leser durch Ihr Anschreiben (roter Faden).
- Achten Sie darauf, dass Sie Ihr Anschreiben schlüssig aufbauen und Ihr Weg für den Leser nachvollziehbar ist.
- Gehen Sie ggf. auf die Stellenanzeige ein – soweit vorhanden.

❶ Felix Blatt
Amalienstraße 14
90491 Nürnberg
0911/67 44 396

❷ Lebenslauf

❸ **Schulbildung**
1979 bis 1983 Grundschule in Nürnberg
1983 bis 1989 Hauptschule in Nürnberg

Berufsausbildung
1989 bis 1992 zum Einzelhandelkaufmann bei der Fa. Kleinschneider in Nürnberg
Erfolgreicher Abschluss

Berufliche Tätigkeiten
1992 bis 1996 Einzelhandelskaufmann bei der Fa. Kleinschneider in Nürnberg
Kundenberatung und Verkauf

1996 bis 2000 Einzelhandelskaufmann bei der Fa. Jungmann in Nürnberg
Gewährleistungs- und Kulanzabwicklung
Kundendienst und Verkauf
EDV

❹ 2000 bis heute Einzelhandelkaufmann, Abteilungsleiter bei Biohandel in Nürnberg
Leitung der Frischwarenabteilung
Kundenberatung und Verkauf
Einkauf, Rechnungswesen
Mitarbeiterführung

EDV-Kenntnisse
Datenverarbeitung
Word und Excel

Sprachen
Englisch: Schulkenntnisse

Sonstiges
Führerschein Klasse 3

Nürnberg, 1. März 2007

Kommentar zum Lebenslauf von Felix Blatt

① Layout

Das Layout des Lebenslaufs ist nicht sonderlich geglückt. Dank der geringen Menge an Informationen bleibt es einigermaßen übersichtlich. Hoffnungsfroh stimmt das allerdings nicht!

② Persönliche Daten

Leider fehlen die persönlichen Daten wie Geburtsdatum, Geburtsort, Familienstand, Nationalität etc.

③ Chronologischer Aufbau

Der Leser muss – nicht zuletzt wegen des missglückten Layouts – länger suchen, bis er die aktuelle Anstellung des Bewerbers findet. Das liegt jedoch hauptsächlich am chronologischen Aufbau des Lebenslaufs. Beim sogenannten gegenchronologischen Aufbau beginnt der Bewerber mit der aktuellsten Anstellung und somit meist der interessantesten und aussagekräftigsten Position – zumindest aus Sicht des Lesers. Wir empfehlen, bis auf wenige Ausnahmen, generell einen gegenchronologischen Aufbau.

④ Inhalt

Inhaltlich gesehen gehen die einzelnen beruflichen Stationen sowie die übrigen Positionen in Ordnung.

Gesamteindruck

Die Bewerbungsmappe hinterlässt leider keinen überzeugenden Eindruck. Das liegt in erster Linie natürlich am schwachen Anschreiben, das inhaltlich so gut wie nichts zu bieten hat und nur aus einer Plattitüde nach der anderen besteht. Hier besteht massiver Nacharbeitsbedarf. Der Lebenslauf ist inhaltlich besser gelungen, lässt optisch jedoch jede Menge Wünsche offen.

Erfolgsaussichten

Der Bewerber sollte nicht unbedingt mit einer positiven Nachricht rechnen – zumal das Unternehmen noch nicht einmal eine Stelle als Abteilungsleiter ausgeschrieben hat.

CD-ROM

Optimierte Bewerbung auf CD

Diese Bewerbung – Anschreiben und Lebenslauf – haben wir für Sie optimiert. Sie finden sie auf Ihrer CD-ROM, direkt zum Übernehmen in Ihre Textverarbeitung.

> **EXPERTEN-TIPP**
>
> **Nutzen Sie unsere Vorlagen für Ihren Lebenslauf**
> Nicht jeder hat ein Händchen für ein ansprechendes Layout seines Lebenslaufs. Deshalb haben wir auf der beiliegenden CD-ROM einige Vorlagen für Sie erarbeitet, in die Sie Ihre Angaben nur noch einfließen lassen müssen.

Bewerbung eines IT-Systemkaufmanns

Kurzes Profil des Bewerbers
- IT-Supporter, ausgebildeter IT-Systemkaufmann
- Selbstständig als Web-Designer und -administrator
- Projekterfahrung
- 27 Jahre alt
- Umfangreiche EDV- und IT-Kenntnisse (Internet)
- Schreinerausbildung

Wunsch:
Beruflicher Aufstieg, Verbesserung des Gehalts

❶

Ronny Fritsch

Bahnhofstraße 18 in 07545 Gera

Tel.: 0365/81 44 57

AGS Technik GmbH & Co. KG
Frau Eschinger
Eichenallee 27
01445 Dresden

Gera, 26. Februar 2007

❷ **Bewerbung als Supportadministrator**

Sehr geehrte Frau Eschinger,

❸ mit großem Interesse habe ich die Stellenanzeige auf Ihrer Internetseite gelesen. Sie suchen einen flexiblen und belastbaren Mitarbeiter für den Support Ihrer Mitarbeiter.

❹ Ich bin 26 Jahre alt und ausgebildeter IT-Systemkaufmann. Zurzeit bin ich für die elma Service & Development GmbH, ein Softwareunternehmen in Gera, als Supporter tätig. Mein jetziges Aufgabengebiet umfasst unter anderem die direkte telefonische Unterstützung unserer Kunden bei Anwendungsproblemen, die Erfassung von Programmfehlern und die konzeptionelle Lösungserarbeitung bei technischen Problemen. Darüber hinaus bin ich für die Betreuung unserer Mitarbeiter und für die Telekommunikationsanlage zuständig. Ich verfüge über weitreichendes Know-how im technischen Bereich von IT-Umgebungen und beschäftige mich auch in meiner Freizeit mit den Themen Webdesign und -administration.

❺ Den Weg in die IT-Branche fand ich durch die Mitarbeit in einem IT-Projekt bei meinem früheren Arbeitgeber. Die Gelegenheit, eine Ausbildung zum IT-Systemkaufmann zu machen, habe ich mit Begeisterung wahrgenommen. Die Ausbildung schloss ich als Kursbester ab und bekam einen Preis für besondere Leistungen. Weitere Themengebiete und Fachkenntnisse erarbeitete ich mir selbstständig. Hierzu zählen Netzwerktechnik, Linux, Programmierung und Webdesign.

❻ Neben der fachlichen Qualifikation können Sie von mir hohe Servicebereitschaft, lösungsorientiertes Arbeiten und Organisationsgeschick erwarten. Ich habe Spaß daran, im Team zu arbeiten, und schätze ein kommunikatives Arbeitsumfeld.

Bei meiner jetzigen Stelle habe ich eine Kündigungsfrist von einem Monat und würde somit kurzfristig zur Verfügung stehen.

Über Ihre Einladung zu einem Gespräch würde ich mich sehr freuen.

Freundliche Grüße

Ronny Fritsch

Kommentar zum Anschreiben von Ronny Fritsch

❶ Briefkopf

Ansprechender Briefkopf.

❷ Betreffzeile

Da der Bewerber in der ersten Zeile seines Anschreibens erwähnt, woher er die Information hat, dass eine Stelle zu besetzen ist, muss er dies in der Betreffzeile nicht aufführen.

❸ Bezug zur Ausschreibung

Dies ist leider die einzige Stelle im gesamten Anschreiben, in der der Bewerber Bezug auf die ausgeschriebene Stelle oder das Unternehmen nimmt. Das ist zu oberflächlich und zu wenig.

❹ Eigene Aufgaben

Der Bewerber beschreibt seinen derzeitigen Aufgabenbereich. Prinzipiell geht das in Ordnung, jedoch sollte dabei nicht einfach der Inhalt des Lebenslaufs vorweggenommen werden.

❺ Motivation

Sehr gut! Herr Fritsch geht auf seine Motivation und seinen damit verbundenen Berufsweg ein. Das kommt authentisch rüber, der Bewerber wirkt tatsächlich motiviert und engagiert. Dieses Gefühl wird unterstützt durch Formulierungen wie „Kursbester", „Preis für besondere Leistungen" oder „weitere Themengebiete und Fachkenntnisse erarbeitete ich mir selbstständig".

❻ Kommunikatives Arbeitsumfeld

Sprechen Sie nicht vom kommunikativen Arbeitsumfeld, sonst geht man davon aus, Sie „quatschen" gerne. Sprechen Sie stattdessen besser von „interner Kommunikation".

EXPERTEN-TIPP !

Anlagen
Wenn Sie Ihre Anlagen aufführen, sollten Sie dies konkreter tun, etwa so:
Anlagen
- Dritte Seite (falls vorhanden)
- Abiturszeugnis
- Hochschulzeugnis
- Arbeitszeugnisse
- Leistungsnachweise (Zertifikate etc.)

Lebenslauf Ronny Fritsch

Persönliche Daten

Name, Anschrift	**Ronny Fritsch**
	Bahnhofstraße 18 in 07545 Gera
	Tel.: 0365/81 44 57
	Mobil: 0176/423 67 22
Geburtstag/Ort	4. Oktober 1979 in Berlin
Familienstand	Verheiratet, zwei Kinder
Nationalität	Deutsch

Berufliche Erfahrung

Seit 02/05 — **elma Service & Development GmbH in Gera**
Supporter
Direkter telefonische Support bei technischen Problemen und Anwendungsfragen, Erfassung von Programmfehlern, Kommunikation mit den Entwicklungsabteilungen in England und Polen, konzeptionelle Erarbeitung von Lösungen für technische Probleme, Durchführung von Tests für neue Programmversionen, Erstellung von Onlinetrainings
Betreuung der eigenen Mitarbeiter, IT-Einkauf, Einführen und Administrieren der Telekommunikationsanlage

Seit 08/04 — **Selbstständig als Webdesigner und -administrator**
Erstellen von Websites, Hard- und Softwarevertrieb, Installation und Konfiguration von PC-Systemen

12/03 bis 02/04 — **Systa, Leipzig**
Marketingabteilung
Praktikum im Rahmen der Ausbildung zum IT-Systemkaufmann
Konzepterarbeitung für Referenzblatterstellung, Referenzblatterstellung, Konzepterarbeitung zur Steigerung des Bekanntheitsgrads der Internetpräsenz, Projektplanung und Mitarbeit bei der Organisation einer Messeteilnahme

07/99 bis 03/00 — **Kahler Werke, Leipzig**
Mitarbeit im Projektteam zur Einführung eines neuen Betriebsdatenerfassungssystems
Mitarbeit bei der Inbetriebnahme, Schulung der Mitarbeiter am neuen System, Support der Mitarbeiter im laufenden Betrieb

10/98 bis 03/02 — **Kahler Werke, Leipzig**
Produktionsmitarbeiter, Metallindustrie

Kommentar zum Lebenslauf von Ronny Fritsch

① Layout

Das Layout des Lebenslaufs ist in Ordnung.

② Persönliche Daten

Alle notwendigen Informationen sind vorhanden.

③ Berufserfahrung

Die einzelnen Berufsstationen sind ausführlich, jedoch optisch nicht optimal dargestellt. Nutzen Sie sogenannte Bulletpoints, um die Übersichtlichkeit Ihrer Aufgaben zu verbessern.

④ Selbstständigkeit

Wenn Sie nebenbei als Selbstständiger tätig sind, müssen Sie das mit Ihrem neuen Arbeitgeber abklären. Unser Bewerber ist vorerst auf der sicheren Seite. Wenn der neue Arbeitgeber mit einer nebenberuflichen Selbstständigkeit nicht einverstanden ist, muss er das von sich aus ansprechen. Prinzipiell wirkt sich eine derartige Tätigkeit zusätzlich qualifizierend aus und gehört auf jeden Fall in den Lebenslauf. Gegebenenfalls können Sie angeben, dass Sie unter Umständen bereit sind, diese Tätigkeit aufzugeben.

⑤ Projekterfahrung

Hiermit stellt der Bewerber seine Projekterfahrung unter Beweis. Sehr gut. Auch in dieser Ausführlichkeit.

EXPERTEN-TIPP

Erstellen Sie Bulletpoint-Listen

Um die Übersichtlichkeit Ihrer Angaben zu erhöhen, sollten Sie auf sogenannte Bulletpoint-Listen zurückgreifen. Sie erleichtern dem Leser, die wichtigsten Punkte schnell zu erfassen. In unserem Fall könnte dies dann so aussehen:
Selbstständig als Webdesigner und -administrator

- Erstellen von Websites
- Hard- und Softwarevertrieb
- Installation und Konfiguration von PC-Systemen

Ausbildung

04/02 bis 06/04   Ausbildung zum IT-Systemkaufmann im BFW Leipzig
Abschluss: IT-Systemkaufmann, sehr gut
Kursbester, Preis für besondere Leistungen
Ausbildungsinhalte
- Netzwerktechnik, PC-Technik, Elektrotechnik
- Betriebssysteme (Windows, Linux, Novell)
- Programmierung, Webdesign, Datenbanken
- Rechnungswesen & Controlling, Buchhaltung, Marketing
- Projektarbeit, Teamarbeit, Präsentation
- Englisch

Aufgrund meiner hohen Motivation durfte ich zusätzliche Projekte realisieren, wie zum Beispiel die Planung und Einrichtung eines Internet-Cafés oder die Organisation eines „Tags der offenen Tür".

08/95 bis 09/98   Schreinerei Teser, Leipzig
Ausbildung zum Schreiner

09/90 bis 07/95   Hegel-Hauptschule, Berlin
09/86 bis 07/90   Grundschule, Berlin

EDV- und Internetkenntnisse

- Windows XP, 2000, NT, 95, 98 — sehr gut
- WinNT Server, Server 2000, 2003 Server — gut
- DOS — gut
- Novell — gut
- Linux — gut
- MS Office (Word, Excel, Access, PowerPoint, FrontPage) — sehr gut
- TurboPascal — sehr gut
- Delphi — gut
- HTML — gut
- SQL — gut
- Adobe Acrobat Writer, QuarkXPress, MS Project — gut
- Java Script — Grundkenntnisse

Sprachkenntnisse

- Englisch (gut)

Gera, 26. Februar 2007

⑥ Ausbildung

Da die Ausbildung zum IT-Systemkaufmann noch nicht ganz so lange zurückliegt, kann der Bewerber getrost noch einmal auf die Inhalte eingehen. Beim nächsten Karriereschritt sollte er darauf jedoch verzichten.

⑦ Motivation

Sehr gut! Der Bewerber stellt hier einmal mehr seine Motivation unter Beweis – mit alten und neuen Fakten.

⑧ EDV-Kenntnisse

Die Liste der EDV-Kenntnisse ist umfangreich. Der Bewerber hat seine Fähigkeiten bewertet. Gute Idee!

Gesamteindruck

Die Bewerbung hat Höhen und Tiefen. Das gilt vor allem für das Anschreiben. Während der Bewerber seine Motivation und seine Einsatzbereitschaft sehr gut rüberbringt, listet er bei seinen fachlichen Kompetenzen mehr oder weniger nur die Punkte seines Lebenslaufs auf. Hier sollte er mehr Beispiele einarbeiten, bei denen er seine Fähigkeiten unter Beweis stellen konnte. Der Bezug bzw. die Brücke zum neuen Job oder zum neuen Unternehmen ist ebenfalls sehr dürftig ausgefallen. Der Lebenslauf bedarf nur einer kleinen optischen Korrektur. Mit sogenannten Bulletpoint-Listen wird er übersichtlich und ansprechend.

Erfolgsaussichten

Trotz der Höhen und Tiefen dürfte der Kandidat dank seiner Motivation und seiner fachlichen Qualitäten mit einer persönlichen Rückmeldung des Unternehmens rechnen können.

CD-ROM

Optimierte Bewerbung auf CD
Diese Bewerbung – Anschreiben und Lebenslauf – haben wir für Sie optimiert. Sie finden sie auf Ihrer CD-ROM, direkt zum Übernehmen in Ihre Textverarbeitung.

> **EXPERTEN-TIPP**

Spezialisierte Jobbörsen im Internet

www.aubi-plus.de	Jobbörse für Ausbildungsplätze
www.berufsstart.de	Karriereportal für junge Akademiker
www.buchhalterjobs.de	Jobs für Buchhalter
www.gast-job.de	Gastro-Jobbörse
www.health-job.net	Stellenmarkt für das Gesundheitswesen
www.hochschulstellen.de	Börse für Hochschulstellen
www.hotel-career.de/	Jobbörse Hotellerie
www.hoteljob-deutschland.de/	Jobbörse Hotellerie
www.hotelstellenmarkt.de	Jobbörse Hotellerie
www.ihk-lehrstellenboerse.de	Lehrstellenbörse der IHK (bundesweit)
www.immoportal.de/karrierejobs	Jobs im Immobilienbereich
www.it-jobs.stepstone.de	Stepstone-portal speziell für IT-Jobs
www.it-treff.de	Portal für IT-Berufe mit eigener Jobbörse
www.joborama.de	Börse für Sport, Fitness und Wellness
www.jobs-im-handel.de	Jobbörse für Berufe im Handel
www.jobsintown.de	Jobbörse für die regionale Suche
www.karriereundjob.de	Jobbörse im Bereich Marketing & PR
www.marketing.crew4you.net	Jobbörse rund ums Marketing
www.newjob.de	Stellenmarkt für SAP-Jobs
www.runningoffice.com	Stellenmarkt für Büro- und kaufmännische Berufe
www.studienabbrecher.de	Die Börse für Studienabbrecher

Bewerbung einer Verlagskauffrau

Kurzes Profil der Bewerberin
- Ausgebildete Verlagskauffrau
- Mehrjährige Berufserfahrung
- 28 Jahre alt
- Umfangreiche EDV-Kenntnisse

Wunsch:
Neue, berufliche Herausforderung
Örtliche Veränderung

Stefanie Süssmund

Haberstraße 12b 28575 Bremen
E-Mail: stsuessmund@web.de (0421) 84 77 625

(1) Deutsche Presse Berlin
Alleering 127
10524 Berlin

Bremen, 12. Januar 2007

Bewerbung als Verlagskauffrau, Stellenanzeige auf Ihrer Homepage

Sehr geehrte Frau Jecker,

ich möchte mich vorab für das freundliche und überaus informative Gespräch bedanken. Sie haben mir sehr weitergeholfen. Wie besprochen, lasse ich Ihnen heute meinen Lebenslauf zukommen.

(2) Zu meiner Person: Ich bin 27 Jahre alt und gelernte Verlagskauffrau. Meine Ausbildung mit dem Schwerpunkt Zeitungs- und Zeitschriftenverlag habe ich vor über sieben Jahren erfolgreich beim Streiter Verlag in Bremerhaven abgeschlossen. Seither habe ich bei drei Verlagen gearbeitet und die unterschiedlichsten Erfahrungen sammeln können. Zurzeit bin ich beim Hafenverlag in Bremen beschäftigt. Mein Aufgabenfeld umfasst den Bereich Kinder- und Jugendzeitschriften sowie einige Sportzeitschriften. Ich bin dabei für die Marktanalyse, die Entwicklung und Umsetzung von Marketingkonzepten, aber auch für das Anzeigen- und Vertriebsmanagement zuständig.

(3) In jüngster Zeit konnte ich auf Projektebene erste Erfahrungen im Bereich Produkt- und Programmplanung sammeln. Dadurch wurden mir neue Perspektiven gezeigt, die ich gerne ergreifen möchte. Da dies in unserem Hause jedoch nur begrenzt möglich ist, suche ich nach einer neuen Anstellung, einer neuen Perspektive, gerne auch in einer anderen Region.

(4) Ihr Stellenangebot hat mich dabei besonders gereizt, da eben eine neue Produktpalette aufgebaut werden soll. Ich denke, dass ich für diese Stelle nicht nur geeignet bin – ich bin hoch motiviert, engagiert und fachlich durchaus versiert. Zudem habe ich intensiven Kundenkontakt im Bereich Sportzeitschriften, die bei der Markteinführung bzw. -etablierung sicherlich hilfreich sein werden.

(5) Alle weiteren wichtigen Informationen können Sie meinem beigefügten Lebenslauf entnehmen. Sollten dennoch Fragen offen sein oder Sie Zeugnismaterial benötigen, stehe ich Ihnen selbstverständlich gerne zur Verfügung. Sie erreichen mich am besten unter meiner Handynummer (0171/522 83 38). Sprechen Sie mir gegebenenfalls eine Nachricht auf meine Mailbox, ich rufe Sie umgehend zurück. Über die Einladung zu einem persönlichen Vorstellungsgespräch würde mich sehr freuen.

Mit besten Grüßen

Stefanie Süssmund

Anlage
- Lebenslauf
- Arbeitszeugnisse

Kommentar zum Anschreiben von Stefanie Süssmund

❶ Anprechpartner

Frau Süssmund hat eine konkrete Ansprechpartnerin, mit der sie auch schon telefonischen Kontakt hatte. Deshalb sollte die Ansprechpartnerin auch direkt in den Adresskopf.

❷ Aufgaben

Die Bewerberin beschreibt sich und ihre Aufgaben. Sie fasst sich dabei kurz, bleibt aussagekräftig und geht über den Informationsgehalt des Lebenslaufs hinaus. Zudem baut sie das Gerüst für ihren roten Faden im Anschreiben auf. Gut so!

❸ Wechselmotivation

Die eigene Wechselmotivation zu beschreiben ist nicht immer einfach. Unsere Bewerberin hier hat es sehr geschickt gemacht. Mit dem darauffolgenden Abschnitt schafft sie sogar den Sprung zur Stellenanzeige und zum potenziellen neuen Arbeitgeber. Der Leser wird sie bereits bei sich im Hause arbeiten sehen – unabhängig davon, ob sie letzten Endes die Stelle erhält oder nicht.

❹ Mitnahme von Kontakten

Hier ist Vorsicht geboten! Sicherlich sind die Kundenkontakte der Bewerberin interessant. Sicherlich spekuliert der Arbeitgeber damit, diese Kontakte nutzen zu können. Doch ganz so offensiv sollten Sie diese Karte nicht spielen. Formulieren Sie Ihre Bereitschaft etwas zurückhaltender, aber dennoch aussagekräftig. Ansonsten begeben Sie sich auf sehr dünnes Eis!

❺ Übergang

Der Übergang zum Schlussabschnitt ist abrupt und passt leider nicht zum vorherigen Text. Wahrscheinlich stammt er noch aus einem anderen Anschreiben an einen anderen Arbeitgeber. Achten Sie darauf, dass die einzelnen Abschnitte zueinander passen, wenn Sie diese schon kopieren. Besser ist es jedoch, sie neu zu schreiben. Dann gehen Sie kein Risiko ein.

Stefanie Süssmund

Haberstraße 12b 28575 Bremen
E-Mail: stsuessmund@web.de (0421) 84 77 625

Lebenslauf

❖ Angaben zur Person

Name	Stefanie Süssmund
Geburtsdaten	7. Oktober 1977 in Cloppenburg
Nationalität	Deutsch

❖ Schulausbildung

(06)83 bis (07)87	Paul-Gerhardt-Grundschule
(06)87 bis (07)89	Liebfrauenschule Cloppenburg
(06)89 bis (07)96	Clemens-August-Gymnasium, Cloppenburg Abitur

❖ Berufsausbildung & Praktika

(09)96 bis (08)99	Streiter Verlag, Bremerhaven Ausbildung zur Verlagskauffrau Schwerpunkt: Zeitungs- und Zeitschriftenverlag
(02)94 bis (07)96	Praktikum sowie freie Mitarbeiterin bei der Nordwest Zeitung Lokalredaktion, Sportredaktion
(04)95 bis (07)96	Aushilfe in der Geschäftsstelle der Nordwest Zeitung Anzeigenannahme, Kundenberatung

❖ Berufserfahrung

(09)96 bis (08)99	Streiter Verlag, Bremerhaven Ausbildung zur Verlagskauffrau Schwerpunkt: Zeitungs- und Zeitschriftenverlag
(10)99 bis (12)01	HF Verlag, Bremen Verlagskauffrau Druckunterlagenmanagement Einbuchung von Anzeigenaufträgen Belegversand Kundenberatung
(01)02 bis (04)04	Komma Verlag, Bremen Verlagskauffrau Unterstützung des Außendiensts: Recherche sowie Auswertung und Präsentation von Studien Anzeigenverkauf, Mediaplanung und -buchung Auswertung der Vertriebszahlen Unterstützung der Vertriebspartner sowie des Vertriebsleiters

Kommentar zum Lebenslauf von Stefanie Süssmund

❶ Angaben zur Person

Familienstand fehlt.

❷ Aufbau

Die Bewerberin hat einen chronologischen Aufbau für ihren Lebenslauf gewählt. Bei Bewerbern mit jahrelanger Berufserfahrung ein eher untypischer Aufbau. Sie sollten sich die Frage stellen, was der Leser als Erstes erfahren soll: den Namen Ihrer Grundschule oder Ihre derzeitige berufliche Stellung samt Ihren Aufgaben und Qualifikationen?

Bei unserer Bewerberin muss der Personalentscheider auf der zweiten Seite nach der aktuellen Anstellung suchen. Machen Sie ihm die Arbeit leicht, bauen Sie Ihren Lebenslauf gegenchronologisch auf und beginnen Sie Ihren Lebenslauf mit Ihrer derzeitigen Anstellung und arbeiten sich dann zu Ihrer Grundschule vor!

❸ Praktika

Es ist nicht üblich, nach sieben Jahren Berufserfahrung noch auf seine Praktika einzugehen – es sei denn, man möchte mit ihnen etwas Besonderes aussagen, etwa belegen, dass man auch in anderen Bereichen Erfahrungen gesammelt hat. Die Erfahrungen unserer Bewerberin sind alle aus dem Zeitungs- bzw. Verlagswesen und unterstreichen nun nichts Außergewöhnliches. Auch aus dem Anschreiben geht leider nicht hervor, welche Aussage die Bewerberin damit treffen möchte.

EXPERTEN-TIPP

Angaben zur Person

Nicht allen Bewerbern ist klar, welche Informationen zu den persönlichen Angaben gehören. Hier eine kleine Übersicht, was hinein sollte:

- Name, Anschrift, Telefon, E-Mail (falls nicht in der Kopfzeile enthalten)
- Geburtstag und Geburtsort
- Familienstand
- Nationalität
- Religionszugehörigkeit (nur bei entsprechenden Arbeitgebern: Kirche etc.)
- Parteizugehörigkeit (nur bei entsprechenden Arbeitgebern: Parteien etc.)

Seit (05)04	Hafenverlag Bremen
	Verlagskauffrau
	Marktanalyse
	Produkt- und Programmplanung
	Entwicklung und Umsetzung von Marketingkonzepten
	Vertriebs- und Anzeigenmarketing
	Kundenberatung und -betreuung

- ❖ **EDV-Kenntnisse**

Windows 2000, NT, XP
MS Office: Word, Outlook, Access, PowerPoint
Internet Explorer, Netscape, Firefox
Photoshop, pdf, Internet, HTML, Paint Shop Pro
Verschiedene Mailing-Services
ViVa, SAP
VerlagsProfi
Combit AdressManager
ACDSee, QuarkXpress

- ❖ **Sprachkenntnisse**

Englisch	gut
Französisch	gut

- ❖ **Interessen**

Sport, Musik, Literatur

Bremen, 12. Januar 2007

4 Aktuelle Anstellung

Durch den chronologischen Aufbau des Lebenslaufs erscheint die aktuelle Anstellung der Bewerberin erst auf der zweiten Seite. Durch einen ungeschickten Seitenumbruch wirkt sie zudem etwas verloren. Das lässt sich optisch besser darstellen.

5 Berufserfahrung

Die Bewerberin hat ihre Berufserfahrung zwar sauber untereinander aufgelistet, aber eine wirkliche Struktur hat sie nicht hineingebracht. Dies würde ihr mit Bulletpoints (so trennt sie Arbeitgeber und Position von ihren Aufgaben) oder durch Markierungen oder Formatierungen gelingen.

6 EDV-Kenntnisse

Die EDV-Kenntnisse der Bewerberin sind reichhaltig, aber leider auch etwas unübersichtlich. Auch hier würden Bulletpoints und eine bessere Sortierung der einzelnen Kenntnisse für mehr Übersichtlichkeit sorgen.

7 Interessen

Sicherlich kann einen Musik, Sport und Literatur interessieren, aber das ist doch etwas zu abgegriffen und ungenau. Wenn Sie Ihr Bild mittels Interessen abrunden wollen, sollten Sie schon etwas konkreter werden. Hören Sie Musik oder machen Sie Musik? Welche Art von Musik? Lesen oder schreiben Sie Literatur? Welche Art von Literatur? etc.

Gesamteindruck

Die Bewerbung von Frau Süssmund hat vor allem einige formale Mängel. Diese lassen sich jedoch leicht mit unseren Ratschlägen beheben. Inhaltlich ist die Mappe interessant und bietet einem potenziellen Arbeitgeber einiges.

Erfolgsaussichten

Personalentscheider sind unberechenbar und jeder hat seine eigenen Macken. Manche achten nur auf den Inhalt, manche sind „Formalienreiter". Es hängt sicherlich etwas davon ab, an wen Frau Süssmund mit Ihrer Bewerbung gerät. Da sie vorab allerdings den Kontakt gesucht und wohl auch einen guten Eindruck hinterlassen hat, hat sie recht gute Chancen auf eine positive Rückmeldung.

CD-ROM

Optimierte Bewerbung auf CD

Diese Bewerbung – Anschreiben und Lebenslauf – haben wir für Sie optimiert. Sie finden sie auf Ihrer CD-ROM, direkt zum Übernehmen in Ihre Textverarbeitung.

Bewerbung eines Bankkaufmanns

Kurzes Profil des Bewerbers
- Bankkaufmann
- Langjährige Berufserfahrung
- Filialleiter, Sachbearbeiter Bereich IT-Controlling
- 30 Jahre alt
- Projekterfahren

Wunsch:
Neue Stellung, da sein befristeter Vertrag ausläuft und nicht verlängert wird

Idee:
Initiativbewerbung

Alexander F. Hartling

Luisenweg 12 40622 Düsseldorf
Tel.: 0211 / 7 01 22 04 E-Mail: afhartling@aol.com

Gütermann & Partner Privatbank
Hagener Straße 12
40620 Düsseldorf

Düsseldorf, 20. November 2006

❶ **Initiativbewerbung: Bankkaufmann, Filialleiter, Privatkundenberater, Sachbearbeiter**

❷ Sehr geehrte Damen und Herren,

❸ hiermit möchte ich mich Ihnen als versierter Bankmitarbeiter und als Ihr möglicher neuer Angestellter vorstellen.

❹ Ich bin 30 Jahre alt und derzeit bei der GFK Bank in Düsseldorf angestellt. Dort bin ich als Sachbearbeiter im Bereich IT-Controlling beschäftigt. Unter anderem berate ich derzeit vor allem Budgetverantwortliche und wirke bei der Implementierung von SAP mit. Des Weiteren arbeite ich bei der Jahresplanung eines Projektportfolios mit. Ich kann also einige Erfahrung im Bereich Projektarbeit vorweisen.

❺ Meine beruflichen Erfahrungen sind damit aber noch nicht erschöpft. Nach meiner Ausbildung zum Bankkaufmann habe ich zuerst als Service- und Kundenberater bei der Volksbank Bielefeld gearbeitet. Schließlich bin ich dort zum Filialleiter aufgestiegen. Leider wurde die Filiale seinerzeit aus Rationalisierungsgründen geschlossen. Ich wechselte zur Sparkasse und war dort unter anderem für die Kundenbetreuung und -beratung, den Verkauf von Verbundprodukten und den Bereich Anlageberatung zuständig.

❻ Wie Sie sehen, habe ich in den vergangenen Jahren einige Erfahrungen sammeln können. Ich denke, dass ich meine Fähigkeiten und Qualifikationen auch in Ihrem Hause erfolgreich einsetzen könnte. Ich würde mich daher über die Einladung zu einem persönlichen
❼ Vorstellungsgespräch freuen. Persönlich geht es meist doch besser!

❽ In diesem Sinne …

Alexander Hartling

Anlagen
- Lebenslauf

Kommentar zum Anschreiben von Alexander Hartling

❶ Betreffzeile

Irgendetwas wird schon passen, wird sich der Bewerber gedacht haben. So gestaltet man keine Betreffzeile. Finden Sie heraus, in welchem Bereich der Arbeitgeber Ihrer Wünsche Bedarf hat, und verfassen Sie eine darauf zugeschnittene Bewerbung. Andernfalls kommen Sie nicht ans Ziel!

❷ Anrede/erster Eindruck

Nicht nur aufgrund der unpersönlichen Anrede („Sehr geehrte Damen und Herren") wird sich dem Leser der Eindruck aufdrängen, dass es sich hier um einen Serienbrief im Rahmen einer Massenbewerbung handelt. Kein guter erster Eindruck!

❸ Einstieg

Lieber ein langweiliger Einstieg als dieser! Der Einstieg soll wohl originell sein, doch der Bewerber liegt damit weit daneben, leider!

❹, ❺ Berufserfahrung

Der Bewerber gibt hier lediglich den Inhalt seines Lebenslaufs wieder. Der Leser erhält keine zusätzlichen, qualitativ wertvollen Informationen. Dafür ist ein Anschreiben nicht gedacht!

❻ Fähigkeiten und Qualifikationen

Der Leser wird sich fragen, von welchen Fähigkeiten und Qualifikationen der Bewerber spricht. Herr Hartling zählt zwar auf, welche Aufgaben er in den letzten Jahren innehatte. Seine Fähigkeiten und Qualifikationen hat er damit jedoch noch lange nicht unter Beweis gestellt.

❼ Gründe für den Wechsel

Leider erwähnt der Bewerber seine Wechselmotivation mit keinem Wort.

❽ In diesem Sinne ...

Tun Sie sich einen Gefallen und bleiben Sie bei der altbewährten Formel: „Freundliche Grüße". Immerhin handelt es sich hier nicht um einen Trinkspruch unter Freunden.

Alexander F. Hartling

Luisenweg 12 40622 Düsseldorf
Tel.: 0211 / 7 01 22 04 E-Mail: afhartling@aol.com

Lebenslauf

Persönliche Daten

Geburtsdatum	12. September 1976
Geburtsort	Bielefeld
Familienstand	Verheiratet, zwei Kinder
Nationalität	Deutsch

Berufliche Ausbildung

08/93 bis 07/96 **Ausbildung zum Bankkaufmann**
Volksbank Bielefeld

Schulische Ausbildung

08/83 bis 06/87	Grundschule Bielefeld
08/87 bis 06/93	Realschule Bielefeld, Abschluss: Mittlere Reife
09/96 bis 06/97	Grundwehrdienst

Berufliche Stationen

09/97 bis 12/98 Volksbank Bielefeld
Service- und Privatkundenberater

01/99 bis 08/02 Volksbank Bielefeld
Filialleiter und Privatkundenberater bis zur Schließung der Filiale

10/02 bis 12/04 Sparkasse Bielefeld
Bankkaufmann
- Kundenbetreuung und -beratung
- Verkauf von Verbundprodukten, Anlageberatung
- Sachbearbeitung

Seit 01/05 GFK Bank Düsseldorf
Sachbearbeiter Bereich IT-Controlling
- Rechnungswesen
- Projektarbeit:
  o Beratung von Budgetverantwortlichen
  o Mitarbeit bei der Implementierung von SAP
- Projektportfolio: Mitarbeit bei der Jahresplanung

Kommentar zum Lebenslauf von Alexander Hartling

❶ Layout

Das Layout des Lebenslaufs ist gelungen und stimmig. Das gilt vor allem auch für den Adresskopf.

❷ Aufbau

Der Aufbau des Lebenslaufs ist weder chronologisch noch gegenchronologisch. Stattdessen beginnt der Bewerber mit der Berufsausbildung wechselt dann zur Schulausbildung, zurück zum Wehrdienst und landet dann bei der chronologischen Darstellung seiner beruflichen Stationen. Achten Sie darauf, dass Sie Ihren Lebenslauf einheitlich gestalten. Wenn Sie sich einmal für einen bestimmten Aufbau entschieden haben, sollten Sie sich auch daran halten. Ansonsten wird es für den Leser schwierig, sich in Ihren Unterlagen zurechtzufinden.

❸ Frühere Berufsstationen

Sicherlich kann man Berufsstationen, die schon einige Jahre zurückliegen, kürzer abhandeln. Doch dies sollte mit Bedacht getan werden. In diesem Fall wäre es durchaus interessant gewesen zu erfahren, welche Aufgaben und Verantwortlichkeiten der Bewerber innehatte, als er eine Bankfiliale in Bielefeld führte. Unterschätzen Sie derartige Informationen nicht.

❹ Inhalt

Darstellung und Informationsgehalt der einzelnen Berufsstationen werden nun besser. Der Leser kann sich nun wesentlich besser vorstellen, welche Aufgaben der Bewerber innehatte bzw. -hat. Überzeugend ist es jedoch immer noch nicht.

EXPERTEN-TIPP

Nehmen Sie den Lebenslauf nicht vorweg

Viele Bewerber – wie unserer hier – machen den Fehler, ihren Lebenslauf bereits im Anschreiben wiederzugeben. Der Leser hat beim Studium der ersten Seite des Lebenslaufs nichts Neues erfahren. Die Frage ist, ob er sich die Mühe machen wird, die zweite zu lesen.

Weitere Qualifikationen

PC/EDV MS-Office-Anwendungen
SAP R/3 (FI/CO, SD/MM)
Photoshop
Lotus Notes

Sprachkenntnisse
Deutsch Muttersprache
Englisch Gut
Französisch Grundkenntnisse

Auslandserfahrung
- Nur privater Natur: z. B. Urlaub oder Klassenfahrten

Hobbys
- Wasserski, Tauchen

Düsseldorf, 12. Februar 2007

5 **EDV-Kenntnisse**

Angesichts der Berufserfahrung und der unterschiedlichen Arbeitgeber ist die Liste der EDV-Kenntnisse überraschend knapp ausgefallen. Überlegen Sie genau, über welche Kenntnisse Sie verfügen. Sie können eigentlich nie zu viele angeben. Nehmen Sie sich etwas Zeit und gehen Sie Ihre beruflichen Stationen, Ihre Praktika und dergleichen durch.

6 **Muttersprache: Deutsch**

Ihre deutschen Sprachkenntnisse sollten Sie nur dann als spezielle Kenntnisse aufführen, wenn die deutsche Sprache nicht Ihre Muttersprache ist bzw. Sie eine andere als die deutsche Nationalität angegeben haben.

7 **Auslandserfahrung**

Prinzipiell gelten ein Urlaub oder eine Klassenfahrt nicht als Auslanderfahrung. Sie machen sich eher lächerlich, wenn Sie dies aufführen. Zudem weisen Sie auf ein Manko in Ihrem Lebenslauf hin, das dem Personaler vielleicht gar nicht aufgefallen wäre.

Klassenfahrten oder Urlaub können eigentlich nur Schulabgänger geltend machen, und auch nur unter besonderen Bedingungen. Anders sieht es bei einer längeren Weltreise aus. Hier können tatsächlich sogenannte Soft Skills herausgezogen werden.

8 **Aktualität**

Ort und Datum gehören unter jeden Lebenslauf. Damit unterstreichen Sie die Aktualität Ihrer Unterlagen.

Gesamteindruck

Leider kann der Bewerber mit dieser Bewerbungsmappe nicht punkten. Das gilt vor allem für das Anschreiben, leider aber auch für den Lebenslauf. Inhaltlich bieten beide das Gleiche – und das auch noch schlecht aufbereitet. Beide Dokumente müssen gründlich überarbeitet werden. Zudem hat der Bewerber sich im Zuge seiner „Initiativbewerbungen" keinerlei Mühe gegeben. Er hat sich weder um offene Stellen noch um einen persönlichen Kontakt zu den potenziellen Arbeitgebern bemüht. Es handelt sich um eine aussagelose Blind- bzw. Massenbewerbung.

Erfolgsaussichten

Die Erfolgsaussichten dieser Bewerbungsmappe sind minimal.

CD-ROM

Optimierte Bewerbung auf CD

Diese Bewerbung – Anschreiben und Lebenslauf – haben wir für Sie optimiert. Sie finden sie auf Ihrer CD-ROM, direkt zum Übernehmen in Ihre Textverarbeitung.

> **EXPERTEN-TIPP**

Initiativbewerbung

- Keine Blindbewerbung, keine Serienbriefe, keine Massenbewerbung
- Recherchen über das Unternehmen und die Branche
- Überzeugende, aber keine überzogene Selbstdarstellung
- Deutlicher Bezug zum Unternehmen
- Persönliche Kontaktaufnahme zum jeweiligen Ansprechpartner
- Überzeugende Motive, überzeugende Motivation

Bewerbung eines Industriekaufmanns

Kurzes Profil des Bewerbers

- Gelernter Industriekaufmann
- Alleinverantwortlicher Projektcontroller
- Weltweiter Einsatz
- Langjährige Berufserfahrung,
- Pesonalverantwortung: sechs Mitarbeiter
- Erfolgreicher Abschluss eines berufsbegleitenden BWL-Studiums
- 35 Jahre alt
- Englisch: verhandlungssicher

Wunsch:

Nach erfolgreichem Abschluss eines berufsbegleitenden BWL-Studiums will er den nächsten Karriereschritt in Angriff nehmen.

Maik Klodster
Weidenstraße 4
60556 Frankfurt am Main
Mobil 01 62/2 65 45 22
E-Mail: Maik_Klodster@web.de

Global Services Corp.
Herr Colls
Güterstraße 165
23559 Lübeck

Frankfurt am Main, 21. Januar 2007

Bewerbung: Controller, Anzeige in der FAZ (19. Januar 2007)

Sehr geehrter Herr Colls,

mit regem Interesse habe ich Ihre Stellenanzeige in der FAZ gelesen. Die Stelle scheint wie auf mich zugeschnitten zu sein. Ich möchte mich daher als Bewerber empfehlen und sende Ihnen heute meine Bewerbungsunterlagen zu.

Ich stehe seit nahezu 15 Jahren im Berufsleben. Nach meiner kaufmännischen Ausbildung zum Industriekaufmann habe ich mich zielstrebig zum alleinverantwortlichen Projektcontroller hinaufgearbeitet. Mir sind sechs Mitarbeiter direkt unterstellt.

Im vergangenen Jahr habe ich erfolgreich mein berufsbegleitendes Betriebswirtschaftsstudium an der Fernuniversität Hagen mit der Note 1,9 abgeschlossen. Meine derzeitige Anstellung, die auch einen internationalen Einsatz (hauptsächlich USA, Kanada und Südamerika) mit sich bringt, bietet zwar einige interessante Aufgaben, aber ich möchte nun (auch nach abgeschlossenem Studium) den nächsten Karriereschritt angehen. Die von Ihnen beschriebene Stelle samt den dazugehörigen Aufgaben entsprechen dabei voll und ganz meinen Vorstellungen.

Ich bin ein leistungsbereiter und motivierter Mensch, der seine Ziele kennt und sie nicht aus den Augen verliert. Komplexe Sachverhalte kann ich schnell erfassen und verstehen. Es fällt mir leicht, mich in neue Gebiete oder Aufgaben einzuarbeiten. Die von Ihnen beschriebenen Aufgaben stellen für mich daher keine Hürden, sondern eine Herausforderung dar, für die ich zudem das richtige Rüstzeug mitbringe. Das Durchleuchten von Kostenarten, Kostenstellen und Kostenträgern ist für mich kein Neuland, sondern gehört zu meinen täglichen Aufgaben. Das gilt auch für Wirtschaftlichkeitsanalysen oder Investitionsrechnungen.

Erfahrungen bringe ich auch aus dem SAP-Umfeld mit. Bei einem meiner früheren Arbeitgeber habe ich maßgeblich bei der Implementierung von SAP mitgewirkt, etwa bei der Abbildung und Umsetzung der internen Anforderungen an das System. Im Zuge der Einführung von SAP habe ich außerdem eine große Anzahl unser Mitarbeiter im Umgang mit dem neuen System geschult.

Ich hoffe, ich konnte Sie von mir und meinen Fähigkeiten überzeugen. Für weitere Fragen stehe ich Ihnen gerne zur Verfügung.

Freundliche Grüße

Maik Klodster

Kommentar zum Anschreiben von Maik Klodster

❶ Betreffzeile

Knapp, aber vollständig.

❷ Einstieg

Der Bewerber macht einen selbstbewussten Eindruck, er weiß, was er will und was er kann. Das ist nicht der schlechteste Einstieg in ein Anschreiben.

❸ Berufliche Situation

Kurz und knapp beschreibt der Bewerber seine derzeitige Anstellung. Sehr gut. Das lässt Platz für andere Dinge. Alles Wichtige erfährt der Leser aus dem Lebenslauf.

❹ Wechselmotivation

Die Motivation des Bewerbers, sich eine neue Stelle, eine neue Herausforderung zu suchen, kommt glaubhaft rüber. Immerhin hat er mit Erfolg ein berufsbegleitendes betriebswirtschaftliches Studium abgeschlossen und möchte nun auch die Früchte seiner Arbeit ernten. Er wirkt schon allein deshalb überaus motiviert.

❺ Fähigkeiten, Qualifikationen

Der Bewerber zeichnet ein Bild von seinen Fähigkeiten und Qualifikationen und stellt sie in unmittelbare Verbindung zu den Anforderungen der neuen Stelle. Mögliche Mankos seinerseits versucht er im Vorfeld mit seiner Lern- und Leistungsbereitschaft sowie seiner Auffassungsgabe zu kompensieren. Wer will ihm da nicht glauben?

❻ Zusätzliches Know-how

Offensichtlich führte der potenzielle neue Arbeitgeber SAP-Kenntnisse in der Stellenausschreibung als wünschenswertes Know-how an. SAP-Fachleute sind derzeit gefragt. Diesen Joker hat sich der Bewerber bis zum Schluss aufgehoben.

Lebenslauf

Maik Kl
Weidens
60556 Frankfurt ar
Mobil 01 62/2 6:
E-Mail: Maik_Klodster@

Angaben zur Person geb. 3. Januar 1972 in Freudenstadt
ledig, zwei Kinder, deutsch

Profilübersicht
- **Alleinverantwortlicher Projektcontroller**
- **Personalverantwortung: sechs Mitarbeiter**
- **Weltweiter Einsatz**
- **Erfolgreicher Abschluss eines berufsbegleitenden BWL-Studiums**
- **Offer und Contract Management, Controlling**
- **Entscheidungsfreudig, zuverlässig**

Berufserfahrung

Seit Juli 03 **Hunger GmbH, Rüsselsheim**
Alleinverantwortlicher Projektcontroller, weltweiter Einsatz
Personalverantwortung: sechs Mitarbeiter

Contract Management
- Erstellung & Pflege sämtlicher Mustervertragsformulare

Offer Management
- Angebots- und Kalkulationsüberprüfung
- Angebots- und Vertragsstatistik sowie deren Auswertung & Beurteilu
- Erstellung von Angeboten & Vertragsunterlagen
- Unterstützung des Vertriebs bei Vertragsverhandlungen
- Ausschreibungen

05/01 bis 06/03 **Eggelmann & Söhne, Stuttgart**
Vertriebskaufmann, Personalverantwortung für drei Mitarbeiter

- Forderungsmanagement
- Unterstützung der Vertriebsmitarbeiter bei Vertragsverhandlungen
- Auftragsabwicklung (Verkauf und Service)

Projektarbeit: Implementierung SAP

- Abbildung und Umsetzung der internen Anforderungen an das Systen
- Formularerstellung
- Mitarbeiterschulung

Kommentar zum Lebenslauf von Maik Klodster

❶ Layout

Das Layout des Lebenslaufs ist ansprechend, die Schriftgröße mit 11 Punkt bei Times New Roman genau richtig.

❷ Angaben zur Person

Diese sind einmal anders gestaltet und lockern das Gesamtbild auf. Sehr gut!

❸ Profilübersicht

Eine Profilübersicht oder ein sogenanntes Kurzprofil zu Beginn des Lebenslaufs ist immer eine gute Sache. Der Leser erfährt sofort die wichtigsten Eckpunkte Ihres Lebenslaufs und muss sie sich nicht mühselig aus den Daten zusammensuchen.

Setzen Sie das Kurzprofil farblich vom Rest des Lebenslaufs ab. So kommt es besonders zur Geltung!

❹ Berufliche Stationen

Herr Klodster führt seine beruflichen Aufgaben sehr ausführlich und übersichtlich auf und gibt auch seine Personalverantwortung genau an. Sehr gut!

EXPERTEN-TIPP

Formatierung, Markierungen

Formatieren und markieren Sie nicht zu viel. Überlegen Sie genau, welche Stichworte oder Inhalte Sie hervorheben möchten. Muss es wirklich der Name des Arbeitgebers sein? Tut dieser wirklich so viel zur Sache? Oder ist es sinnvoller, die Personalverantwortung, die Budgetverantwortung, die Projekterfahrung oder dergleichen hervorzuheben? Je vorsichtiger Sie mit Markierungen und Formatierungen umgehen, desto intensiver fallen die markierten Inhalte auf.

10/98 bis 05/01	**Zeitmann GmbH, Mannheim**
	Vertriebskaufmann

- Auftragsabwicklung
- Vertragsbearbeitung
- Forderungsmanagement, Rechnungsklärung
- Abwicklung von Kundenanfragen und -reklamationen
- Ausschreibungen

09/95 bis 08/98 **Streting AG, München**
Kaufmännischer Mitarbeiter im Rechnungswesen

- Überprüfung und Erfassungsvorbereitung von Buchungsvorgängen
- Auftragsvorbereitung
- Quartals- und Jahresabschlussbuchungen

09/92 bis 08/95 **Streting AG, München**
Ausbildung zum Industriekaufmann

Schul- und Hochschulausbildung

09/01 bis 05/06 Fernuniversität Hagen
Betriebswirtschaftliches Studium, staatlich geprüft und anerkannt
Schwerpunkte: Controlling, Rechnungswesen, Kostenrechnung
Abschlussnote: 1,8

08/83 bis 07/92 Erich-Kästner-Gymnasium, München

08/79 bis 07/83 Grundschule, München

Weitere Qualifikationen

Sprachen Englisch: verhandlungssicher
Französisch: gut

IT, EDV MS Office Applications
SAP
Lotus Notes

Ehrenamtliches Engagement

Schöffe am Amtgericht Frankfurt am Main

Aktives Mitglied beim THW seit 1991
Abgeleisteter Ersatzdienst (für den Wehrdienst)

Hobbys & Interessen

Mountain-Bike fahren, technische Gerätschaften

Mainz, 21. Januar 2007

❺ Frühere Anstellungen

Da der Bewerber bei früheren Anstellungen stets andere Aufgaben erfüllte, ist es durchaus sinnvoll, diese auch in dieser Ausführlichkeit aufzulisten.

❻ Studium

Da der Bewerber zahlreiche Markierungen in seinem Lebenslauf hat, sollte er, um die Einheitlichkeit zu wahren, auch sein Studium markieren. Immerhin ist dies einer seiner Trümpfe.

❼ Ehrenamtliche Tätigkeiten

Ehrenamtliche Tätigkeiten werfen immer ein gutes Bild auf den Bewerber und sollten deshalb durchaus in den Lebenslauf eingearbeitet werden.

Ehrenamtliches Engagement zeugt – wie der Name schon sagt – von Engagement. Viele Personaler übertragen das auch auf die berufliche Ebene und schreiben dem Bewerber Einsatzbereitschaft, ausgeprägtes Sozialverhalten und Teamfähigkeit zu – allesamt Soft Skills, die bei Bewerbern gerne gesehen sind.

Gesamteindruck

Eine runde und stimmige Bewerbung. Nur ein paar kleine, formale Verbesserungen im Lebenslauf stehen zur Veränderung an.

Erfolgsaussichten

Der Bewerber erfüllt nahezu alle Erwartungen. Die Chancen, eine Einladung zu einem Vorstellungsgespräch zu erhalten, stehen sehr gut.

CD-ROM

Optimierte Bewerbung auf CD

Diese Bewerbung – Anschreiben und Lebenslauf – haben wir für Sie optimiert. Sie finden sie auf Ihrer CD-ROM, direkt zum Übernehmen in Ihre Textverarbeitung.

EXPERTEN-TIPP

Flüchtigkeits- und Rechtschreibfehler

Wenn Ihnen Flüchtigkeits- und Rechtschreibfehler unterlaufen, macht das natürlich keinen besonders guten Eindruck. Zum einen könnte man meinen, Sie arbeiten nicht sorgfältig oder aber Sie beherrschen die Rechtschreibung nicht. Beides wirft kein gutes Licht auf Sie. Gehen Sie Ihre Bewerbungsunterlagen daher immer noch einmal sorgfältig durch, verwenden Sie ein Rechtschreibprogramm und lassen Sie die Unterlagen von Freunden oder Bekannten gegenlesen.

> **EXPERTEN-TIPP**

Körpersprache im Vorstellungsgespräch

Achten Sie während des Vorstellungsgesprächs auf Ihre Körpersprache, denn diese sagt nahezu genauso viel aus wie Ihre Antworten. Sie können nicht behaupten, ein aufgeschlossener Mensch zu sein, der sich gerne an neue Aufgaben und Herausforderungen heranwagt, wenn Sie mit verschränkten Armen oder einem ängstlichen Gesichtsausdruck Ihrem Gesprächspartner gegenübersitzen. Genauso wenig überzeugend ist es, wenn Sie sich als ruhigen und besonnenen Menschen beschreiben, dessen Stärke es ist, rational an die Lösung von Problemen heranzugehen, und dabei nervös auf dem Stuhl herumrutschen, intensiv gestikulieren oder aufbrausend auf provokante Fragen reagieren.

Versuchen Sie, im Gespräch nicht negativ durch Ihre Körpersprache aufzufallen. Achten Sie darauf,

- locker, entspannt und aufrecht zu sitzen,
- Arme und Beine nicht zu verschränken,
- nicht auf dem Stuhl herumzurutschen,
- nicht zu wippen,
- nicht zu intensiv zu gestikulieren,
- bei Fragen nicht die Stirn zu runzeln oder anderen negativen Mimiken zu reagieren,
- sich Ihrem Gesprächspartner zuzuwenden und nicht auf den Boden oder aus dem Fenster zu schauen,
- allen Gesprächspartnern die gleiche Aufmerksamkeit zu schenken; schauen Sie sie abwechselnd an,
- bei Fragen zu nicken, es sei denn, Sie haben sie nicht verstanden,
- nicht nervös mit Händen oder Füßen zu trommeln,
- die Hand nicht vor den Mund zu halten, während Sie sprechen; das sieht nicht nur unhöflich aus, Sie werden möglicherweise auch schlecht oder gar nicht verstanden,
- nicht an den Fingernägeln zu kauen oder mit den Haaren zu spielen,
- ab und zu lächeln; das entspannt die Situation und Ihre Gesichtsmuskeln.

Bewerbung eines Immobilienkaufmanns

Kurzes Profil des Bewerbers

- Gelernter Immobilienkaufwirt, Diplom-Betriebswirt, Fachrichtung Immobilienwirtschaft
- Langjährige Berufserfahrung in der Immobilienbranche
- Erfahrung im Bereich Unternehmensfinanzierungen, Finanzcontrolling, aber auch im Bereich Verkauf/Vermietung sowie Standort- und Marktanalysen
- 34 Jahre alt
- Umfangreiche EDV- und Sprachkenntnisse

Wunsch:
Neue berufliche Herausforderung

Harald Rott
Behmstraße 15
95028 Hof
Mobil: 0174/26 48 995

GRD Finanz- und Immobiliengesellschaft
Frau Leiting
Gradweg 18
95026 Hof

Hof, 2. März 2007

Sehr geehrte Frau Leiting,

❶ wie ich bei meiner Recherche auf Ihrer Homepage herausgefunden habe, sind Sie auf der Suche nach einem kompetenten und engagierten Mitarbeiter. Ich sehe mich als kompetenten und engagierten Mitarbeiter, der bereits einige Erfahrungen in der Immobilienbranche gesammelt hat, und möchte mich daher bei Ihnen um die ausgeschriebene Stelle bewerben.

❷ Ich bin 34 Jahre alt und derzeit bei der Chemnitzer Wohnungs- und Baugesellschaft im Bereich Finanzwesen angestellt. Zu meinen Schwerpunkten gehören Unternehmensfinanzierungen sowie das Finanzcontrolling. Die von Ihnen ausgewiesene Stelle entspricht meinen Qualifikationen daher sehr gut. Mich reizt dabei vor allem die Verwaltung von Immobilienfonds. ❸ Ich habe bereits bei einem meiner vorherigen Arbeitgeber Erfahrungen im Bereich Kapitalanlagenberatung gesammelt.

❹ Ich würde mich freuen, wenn ich Ihr Interesse geweckt habe. Für weitere Fragen oder eine Terminvereinbarung für ein persönliches Gespräch stehe ich Ihnen selbstverständlich gerne jederzeit unter der oben genannten Handynummer zur Verfügung. Ich habe meiner Bewerbung meinen Lebenslauf beigefügt. Sollten Sie weitere Unterlagen benötigen (Zeugnisse etc.), lasse ich Ihnen diese natürlich gerne zukommen.

Freundliche Grüße

Harald Rott

Anlagen
- Lebenslauf

Kommentar zum Anschreiben von Harald Rott

❶ Betreffzeile

Der Bewerber hat leider keine Betreffzeile in sein Anschreiben eingebaut. Der Leser muss erst einmal suchen, um was für ein Schreiben, um was für eine Bewerbung es sich bei diesen Unterlagen handelt.

❷ Inhalt

Prinzipiell kein schlechter Abschnitt, wenn im Laufe des weiteren Anschreibens noch mehr folgen würde.

❸ Wechselmotivation

Die Gründe für einen Arbeitgeberwechsel kommen hier ein wenig zu kurz. Der Bewerber erwähnt zwar, dass ihn an der neuen Stelle vor allem die Verwaltung von Immobilienfonds reizt, sonderlich überzeugend ist dies allerdings noch nicht!

❹ Zu kurz

Inhaltlich sind wir schon am Ende des Anschreibens angekommen. Das Anschreiben wirkt auf den ersten Blick zwar nicht zu kurz, inhaltlich ist es das aber definitiv! Der Inhalt ist mit lediglich einem Abschnitt einfach zu dünn ausgefallen.

EXPERTEN-TIPP

Betreffzeile

Nutzen Sie die Betreffzeile, um dem Leser mitzuteilen, um welche Stelle Sie sich bewerben. In die Betreffzeile müssen folgende Informationen:

- Stellenbezeichnung (wie Controller, Verkäufer, Reiseleiterin, Projektassistentin etc.). Nutzen Sie die Beschreibung in der Stellenausschreibung.
- Art der Bewerbung (Bewerbung auf eine Stellenanzeige oder einen persönlichen Kontakt hin, Initiativbewerbung etc.)
- Fundort und -datum der Stellenanzeige (Name der Tageszeitung, der Internetsuchmaschine, Firmenhomepage etc.)

Verzichten Sie auf das Wort „Betreff" zu Beginn der Betreffzeile, markieren Sie dagegen die gesamte Betreffzeile fett. Die Betreffzeile darf durchaus über zwei Zeilen gehen.

Lebenslauf: Harald Rott

Persönliche Daten

Name & Anschrift	Harald Rott Behmstraße 15 95028 Hof
Telefon & Mail	09281/59 67 39 Haraldrott@klinger.de
Sonstiges	Geboren am 23. November 1970 in Kulmbach Verheiratet mit Ute, 2 Kinder, deutsch

Berufserfahrung

Seit 01/2004	Chemnitzer Wohnungs- und Baugesellschaft mbH, Chemnitz Abteilung Finanzwesen • Unternehmensfinanzierungen • Finanzcontrolling
04/1994 bis 08/2000	Immobilienbüro Friedberger, Leipzig • Verkauf und Vermietung von Immobilien • Erstellung von Standort- und Marktanalysen • Erarbeitung von Vermietungskonzepten • Objektbewertung • Kapitalanlagenberatung
11/1993 bis 03/1994	Immoplaner GmbH, Bayreuth • Verkauf von Immobilien • Erstellung von Standort- und Marktanalysen • Objektbewertung

Ausbildung

10/2000 bis 10/2003	Berufsakademie Sachsen, Staatliche Studienakademie Leipzig Studienrichtung: Immobilienwirtschaft Abschluss: Dipl. Betriebswirt, Fachrichtung Immobilienwirtschaft (FH) Abschlussnote: 2,1
09/1989 bis 09/1992	Immoplaner GmbH, Bayreuth Ausbildung zum Kaufmann der Grundstücks- und Wohnungswirtschaft (Immobilienkaufmann) Abschlussbewertung: sehr gut

Kommentar zum Lebenslauf von Harald Rott

❶ Layout

Die farbige Absetzung der Überschriften macht den Lebenslauf sehr übersichtlich. Sehr gut. Der Leser findet sich schnell und einfach zurecht.

❷ Aktuelle Aufgaben

Die Beschreibung der aktuellen Aufgaben des Bewerbers ist etwas mager ausgefallen. Mit nur zwei Schlagworten lässt sich sicherlich nicht das gesamte Arbeitsspektrum von Herrn Rott abdecken. Etwas genauer sollte er dabei schon werden. Der Leser kann sich ansonsten kaum ein Bild von den fachlichen Qualifikationen des Bewerbers machen – vor allen Dingen, da auch das Anschreiben keine zusätzlichen Informationen bietet.

❸ Vorangegangene Aufgaben

Hier beschreibt der Bewerber seine Aufgaben schon umfassender. Das hätte er auch bei seiner jetzigen Stelle tun sollen. Personaler orientieren sich – mit Recht – immer an der aktuellsten Anstellung der Bewerber.

❹ Studium

Das Studium ist ausführlich genug dargestellt, zumal es auch schon ein paar Jahre zurückliegt.

❺ Lücke

Wer sich den Lebenslauf genauer ansieht, wird feststellen, dass sich eine einjährige Lücke eingeschlichen hat, nämlich zwischen 1992 und 1993.

EXPERTEN-TIPP

Erarbeiten Sie einen lückenlosen Lebenslauf

Lassen Sie keine zeitlichen Lücken in Ihrem Lebenslauf, das lädt zu Spekulationen ein. Unser Bewerber „unterschlägt" gleich ein ganzes Jahr, direkt nach seiner Berufsausbildung.
Auch wenn Sie während eines gewissen Zeitraums keine berufsrelevante Tätigkeit innehatten (Auszeit, Mutterschutz, Elternzeit, Weltreise, Krankheit etc.), sollten Sie diese Zeit nicht einfach unter den Tisch fallen lassen. Lassen Sie die Zeit noch einmal vor dem geistigen Auge Revue passieren: Was haben Sie während dieser Zeit gemacht? Einen Sprachkurs? Sich um jemanden gekümmert, jemanden gepflegt? Eine Fortbildung, auch auf persönlicher Ebene? Wenn Sie sich eine Weltreise gegönnt haben – schön für Sie, und ab damit in den Lebenslauf!

Ausbildung (Fortsetzung)

09/1980 bis 06/1989	Gymnasium in Hof Abschluss: Abitur	
09/1976 bis 08/1980	Grundschule in Hof	

Zusatzqualifikationen

EDV
- MS-Office-Anwendungen
- WOHNDATA, ALCO, Domus
- HTML, SQL
- Verschiedene Datenbanksysteme

Sprachen
- Englisch
- Französisch
- Latein

Hof, im März 2007

6 Schulnamen, Noten

Auch wenn es schon eine ganze Weile zurückliegt, fügen Sie zumindest bei Ihren weiterführenden Schulen den Schulnamen hinzu. Immerhin haben diese immer spezielle Ausrichtungen oder Fachrichtungen. Bei der Grundschule ist das nicht unbedingt notwendig. Der Vollständigkeit halber können Sie auch Ihre Abschlussnoten hinzufügen. Manche Arbeitgeber legen Wert auf ein vollständiges Gesamtbild.

7 EDV-Kenntnisse

Überzeugende Liste.

8 Sprachkenntnisse

Listen Sie Ihre Sprachkenntnisse nicht einfach nur auf, qualifizieren Sie sie, damit sich der Leser ein besseres Bild von Ihren Fähigkeiten machen kann.

9 Interessen

Der Bewerber hat auf die Nennung von Hobbys und Interessen verzichtet. Das ist Geschmackssache.

Gesamteindruck

Der Gesamteindruck der Bewerbungsmappe ist durchwachsen – weder gut noch besonders schlecht. Das Anschreiben bedarf auf jeden Fall einer Überarbeitung. Zudem sollte der Bewerber seine derzeitigen Aufgaben genauer aufführen.

Erfolgsaussichten

Entsprechend dem Gesamteindruck. Mit etwas Glück meldet sich der Personaler beim Bewerber. Wetten würden wir darauf aber nicht!

CD-ROM

Optimierte Bewerbung auf CD

Diese Bewerbung – Anschreiben und Lebenslauf – haben wir für Sie optimiert. Sie finden sie auf Ihrer CD-ROM, direkt zum Übernehmen in Ihre Textverarbeitung.

EXPERTEN-TIPP

Was ist bei den Angaben zu Hobbys und Interessen zu beachten?

Hobbys und Interessen runden den Lebenslauf zwar ab und gehören eigentlich hinein. Doch manchmal sagen sie mehr über eine Person aus, als ihr lieb ist. Achten Sie deshalb darauf, dass eine ausgewogene Mischung entsteht. Squash und Joggen sind Einzelsportarten. Auch wenn Sie tatsächlich ein Einzelkämpfer sind: Ausgewogener wären die Interessen, wenn Sie noch eine Aktivität aufführen könnten, die Teamgeist oder Verantwortungsbewusstsein vermuten lässt. Wägen Sie außerdem ab, ob Sie risikoreiche Freizeitaktivitäten wie Bungee-Jumping aufnehmen wollen.

✓ CHECKLISTE: AUFTRETEN BEIM BEWERBUNGSGESPRÄCH

Bin ich gut für das Vorstellungsgespräch gerüstet?	Ja	Nein
Tragen Sie ordentliche und der Position entsprechende Kleidung und Schuhe.	✓	
Rasieren Sie sich, gehen Sie gegebenenfalls noch zum Friseur.		
Seien Sie ausgeschlafen.		
Begrüßen Sie Mitarbeiter, Damen zuerst.		
Stellen Sie sich vor – mit vollem Namen und mit Händedruck. Achten Sie darauf, dass Sie keine nassen Hände oder Mundgeruch haben. Lutschen Sie ggf. ein paar Minuten vor dem Treffen ein Pfefferminzbonbon.		
Achten Sie darauf, dass Sie weder nach Schweiß noch nach zu viel Parfum oder Aftershave riechen.		
Seien Sie pünktlich. Suchen Sie sich die Streckenführung für den Hinweg rechtzeitig heraus.		
Seien Sie freundlich und offen. Etwas Smalltalk, etwa über die Anreise, lockert die Atmosphäre.		
Seien Sie selbstbewusst, aber nicht zu siegessicher. Vermeiden Sie, arrogant oder überheblich zu wirken.		

Bewerbungsmuster für leitende Angestellte und Führungskräfte

Bewerbung eines Buchhändlers (geprüfter Betriebswirt)

Bewerbung eines kaufmännischen Leiters

Bewerbung eines kaufmännischen Geschäftsführers

Bewerbung eines Buchhändlers (geprüfter Betriebswirt)

Kurzes Profil des Bewerbers

- Geprüfter Betriebswirt, Ausbildung zum Buchhändler
- Langjährige Berufserfahrung, 15 Jahre
- Derzeit: Einkäufer einer Buchhandelskette, Bereiche Sport und Freizeit, Essen und Trinken sowie Nonbooks
- Fortbildungskurse
- Solide Sprachkenntnisse

Wunsch:
Berufliche Weiterentwicklung

❶ Michael Polls
Fischerstraße 21
22041 Hamburg

Online Books & Co
Frankfurter Ring 277
80022 München

Hamburg, 12. Januar 2007

❷ Betreff: Bewerbung als Online Sales Manager

❸ Sehr geehrter Herr Manther,

auf Ihren Firmenseiten im Internet bin ich darauf aufmerksam geworden, dass Ihr Haus die Stelle des Online Sales Managers neu besetzen möchte. Die Stelle hört sich für mich nicht nur interessant an, sie ist meiner Meinung nach für mich auch genau die nächste berufliche Stufe, die ich erklimmen möchte.

❹ Ich stamme aus der Buchbranche, habe nach meiner Ausbildung zum Buchhändler zuerst eine Fortbildung als Fachkaufmann für Marketing absolviert und vor einem halben Jahr meinen Abschluss als geprüfter Betriebswirt an der Handelkammer Hamburg abgelegt. Seit 15 Jahren bin ich nun in der Buchbranche tätig und habe bereits viele Branchenfelder kennengelernt.

Derzeit bin ich bei der Buchhandelskette Dankam in Hamburg als Einkäufer für die Bereiche Sport und Freizeit, Essen und Trinken sowie Nonbooks beschäftigt. In den vergangenen zwei Jahren ist unser Haus vermehrt in den Internethandel eingestiegen, womit sich auch mein Aufgabenfeld nicht nur veränderte, sondern erweiterte. Ich verfüge also über die von Ihnen geforderten einschlägigen Erfahrungen mit Website-Tools und Content-Management-Systemen. Auch an der Gestaltung der Internetseiten meiner Produktbereiche arbeite ich selbstverständlich mit.

❺ Mein Hauptaufgabenfeld liegt jedoch im Bereich Einkauf, Marktbeobachtung, Trendanalysen und der Entwicklung von Vermarktungskonzepten. Ich entspreche damit nahezu voll und ganz Ihren Wunschvorstellungen. Zudem würde ich mich als kreativen und innovativen Menschen bezeichnen, der belastbar sowie teamfähig ist. Ich bin es allerdings auch gewöhnt, selbstständig und eigenverantwortlich zu arbeiten. Ich verfüge über einen ausgeprägten Geschäftssinn und arbeite stets lösungs-, aber kundenorientiert.

Ich würde mich über eine Einladung zu einem persönlichen Gespräch sehr freuen.

❻ Ihr Michael Polls

Kommentar zum Anschreiben von Michael Polls

❶ Erscheinungsbild

Das Erscheinungsbild des Anschreibens ist gewöhnungsbedürftig, da der Bewerber das gesamte Anschreiben fett markiert hat. Es dürfte sich hier um ein Versehen handeln. Kontrollieren Sie Ihre Unterlagen stets noch einmal, bevor Sie sie in die Post geben oder per E-Mail versenden.

❷ Betreffzeile

Das Wort „Betreff" stellt man heute der Betreffzeile nicht mehr voran.

❸ Karrierestufe

Prinzipiell ist der Einstieg ins Anschreiben in Ordnung. Doch seien Sie mit Formulierungen wie „genau die nächste berufliche Stufe, die ich erklimmen möchte" vorsichtig. Ihr potenzieller neuer Arbeitgeber sollte nicht gleich zu Beginn das Gefühl erhalten, Sie seien nur auf dem Sprung und sehen die Stelle als Kurzetappe, jederzeit zum Absprung auf die neue Stufe bereit.

❹ Mittelteil

Inhaltlich ist am Mittelstück des Anschreibens nicht viel auszusetzen. Aber die Formulierungen des Bewerbers klingen manchmal etwas unglücklich. Bilden Sie einfache Sätze, verkünsteln Sie sich in Ihrer Ausdrucksweise nicht zu sehr. Je einfacher Sie schreiben, desto besser kann der Leser die Inhalte aufnehmen.

❺ Stellenanzeige kopiert

Es klingt ganz so, als habe sich der Bewerber die Eckpunkte der Stellenausschreibung herausgesucht und sich mitten hineingesetzt. Das gilt vor allem für die sogenannten Soft Skills, die der Bewerber anführt. Seien Sie sich sicher, dass der Personaler seine Stellenausschreibung sehr gut kennt und sich von solch einem Abschnitt eher auf den Arm genommen fühlt, als dass er beeindruckt davon ist, wie sehr das Profil des Bewerbers mit seinen Vorstellungen übereinstimmt!

❻ Verabschiedung

Es mag Geschmacksache sein, aber mit einer herkömmlichen Verabschiedung wie „Freundliche Grüße" treten Sie niemandem auf die Füße. „Ihr Michael Polls" klingt doch etwas zu persönlich. Schreiben Sie dies nur, wenn Sie den Adressaten tatsächlich persönlich kennen.

Lebenslauf

Angaben zur Person	Name & Anschrift	**Michael Polls** **Fischerstraße 21** **22041 Hamburg**
	Kontaktdaten	040 – 86 44 90 23 0177 – 68 45 77 1 E-Mail: MichPolls@yahoo.de
	Sonstiges	Deutsch, verheiratet, zwei Kinder
Berufliche Stationen	Seit 10/02	Buchhandelskette Dankam, Hamburg Einkäufer für die Bereiche: Sport und Freizeit, Essen und Trinken sowie Nonbooks o Aufbau und Pflege des Sortiments, Produktauswahl o Marktbeobachtung, Trendanalysen o Preis- und Konditionsverhandlungen (Nonbooks) o Überwachung von Umsatz- und Margenentwicklung o Budgets und Forecasts o Entwicklung von Vermarktungskonzepten o Verhandlung von Marketingvereinbarungen mit den Lieferanten
	01/99 bis 09/02	Buchhandlung Düngermann, Hamburg Abteilungsleiter: Sport und Freizeit o Personaleinsatzplanung o Gestaltung der Verkaufsräume, Warenpräsentation o Warenbestandsprüfung o Verantwortlich für Aktualität und Ausgewogenheit des Sortiments
	09/95 bis 12/98	Buchhandlung Loh, Kiel Buchhändler, Bereich Sport und Freizeit sowie Reise
Berufliche Ausbildung	09/05 bis 06/06	Handelskammer Hamburg Ausbildung zum geprüften Betriebswirt o Management und Führung o Projektarbeit und Fachgespräch o Volks- und Betriebswirtschaftslehre
	09/99 bis 12/00	Grone'sche Fachschule für Wirtschaft und Datenverarbeitung, Hamburg Abschluss: geprüfter Fachkaufmann für Marketing o Planungs- und Kontrolltechniken o Kommunikation o Organisation und Planung o Volkswirtschaftliche Grundlagen
	09/92 bis 08/95	Buchhandlung Loh, Kiel Ausbildung zum Buchhändler

Kommentar zum Lebenslauf von Michael Polls

❶ Layout

Das Layout ist etwas eigenwillig und unglücklich ausgefallen. Es besteht im Prinzip aus drei Spalten und die einzelnen Blöcke sind nicht sauber voneinander zu trennen. Der Leser tut sich mit der Zuordnung der einzelnen Blöcke und Datumsangaben schwer. Bevor Sie ein derartig unruhiges Layout wählen, greifen Sie doch lieber auf eine unserer Vorlagen zurück. Sie finden diese auf Ihrer beiliegenden CD-ROM.

❷ Persönliche Angaben

Der Bewerber hat weder sein Alter noch sein Geburtsdatum angegeben. Das gehört jedoch in einen vollständigen Lebenslauf.

❸ Aufgaben

Auf den ersten Blick sieht die Darstellung der Aufgaben sehr gut aus. Im Anschreiben spricht der Bewerber jedoch davon, dass sein Arbeitgeber in den Internethandel eingestiegen sei und sich sein Aufgabenfeld dadurch erweitert habe. Im Lebenslauf ist davon allerdings nichts zu finden.

❹ Markierungen

Die Seite ist übermäßig vollgepackt. Der Leser weiß gar nicht, wohin er zuerst sehen soll. Abgesehen von einem anderen Layout sollte der Bewerber den Leser mit ein paar gut platzierten Markierungen durch den Lebenslauf führen.

EXPERTEN-TIPP

Keine zweite Chance

Denken Sie daran: Eine Bewerbung ist wie eine Prüfungsaufgabe. Wird diese schlecht erledigt, fällt man durch. Im Gegensatz zu den Prüfungen, gibt es bei den meisten Arbeitgebern nur selten eine zweite Chance. Wenn Sie einen Job tatsächlich wollen, sollten Sie die Bewerbung auch ernst nehmen, ansonsten können Sie sich die Zeit und den Aufwand sparen.

Schulische Ausbildung	07/83 bis 06/92	Hans-Geiger-Gymnasium, Kiel Abitur
	07/79 bis 06/83	Grundschule Kleine Kielstraße

Sonstige Fortbildungen	02/99 bis 03/99	Handelskammer Hamburg Crashkurs Marketing
	01/03 bis 03/03	Der Küchenchef, Hamburg Kochkurs (5 Abende)

EDV und IT
- Word, Excel, Access, PowerPoint
- LiBraS, Liber, bookhit
- Html, XML
- Verschiedene Datenbanken

Sprachen
Englisch: fließend
Französisch: sehr gut

Interessen
Wassersport: Segeln, Wasserski, Tauchen
Literatur: Reise, Sport

Hamburg 2005

⑤ Format

Spätestens hier wird deutlich, dass das Format bzw. das Layout des Lebenslaufs nicht optimal ist. Die Überschriften, die hier seitlich angebracht sind, passen nicht in die Spalte. Das sieht sehr unschön aus.

⑥ Fortbildung

Fortbildungen jeglicher Art gehören in den Lebenslauf. Dass ein Kochkurs zu einer beruflichen Weiterbildung zählen kann, mag auf den ersten Blick überraschen. Unser Bewerber ist jedoch für den Einkauf im Bereich Essen und Trinken zuständig. Der Kochkurs also durchaus berechtigt!

⑦ Ort und Datum

Grober Fehler! Der Lebenslauf stammt – zumindest laut Datierung – aus dem Jahr 2005! Kein Wunder also, dass so manche Informationen (Internethandel) nicht enthalten sind. Auch hier gilt: Arbeiten Sie Ihre Bewerbungsmappe sorgfältig aus, ansonsten können Sie sich angesichts der Vielzahl der Bewerber die Zeit sparen.

Gesamteindruck

Fachlich hat der Bewerber einiges zu bieten und ist für die Stelle sicherlich interessant. Doch seine Bewerbungsunterlagen weisen einige Mängel auf, inhaltlich wie optisch. Der Bewerber hinterlässt mit dieser Bewerbungsmappe einen schlechten Eindruck: Er scheint nicht gewissenhaft, sondern eher schlampig zu arbeiten. Denken Sie daran: Ihre Bewerbungsmappe sehen die meisten Personaler als ein Spiegelbild Ihrer Arbeit an!

Erfolgsaussichten

Wenn die Bewerbungsmappe in diesem Zustand beim Personaler landet, ist eine positive Rückmeldung nicht unbedingt fragwürdig, aber auch nicht unbedingt zu erwarten. Die Erfolgschancen hängen sicherlich von den Bewerbungsunterlagen der Mitbewerber um den Job ab.

CD-ROM

Optimierte Bewerbung auf CD

Diese Bewerbung – Anschreiben und Lebenslauf – haben wir für Sie optimiert. Sie finden sie auf Ihrer CD-ROM, direkt zum Übernehmen in Ihre Textverarbeitung.

> **EXPERTEN-TIPP**
>
> **Aktualisieren Sie Ihren Lebenslauf regelmäßig**
> Wenn Sie Ihre Bewerbungsunterlagen regelmäßig überarbeiten, sind Sie auch dann vorbereitet, wenn Sie mal einen Schnellschuss versuchen möchten oder die Zeit für die Überarbeitung der Unterlagen knapp ist.

Bewerbung eines kaufmännischen Leiters

Kurzes Profil des Bewerbers

- Betriebswirt mit Schwerpunkt Finanzen und Controlling
- Tätigkeit: Kaufmännische Leitung, Unternehmensplanung, Controlling
- Langjährige Berufserfahrung, auch im internationalen Bereich
- Personalverantwortung: etwa 50 Mitarbeiter
- Umsatzvolumen: rund 60 Millionen
- 41 Jahre alt
- Fundierte Fremdsprachenkenntnisse

Wunsch:
Sucht nach fünf Jahren ein neues Betätigungsfeld, gerne auch im Ausland.

Idee:
Kontaktaufnahme mit Headhuntern

Hermann Thomas Klei

Hohenzollernstraße :
80801 Münch

PERSONITAS MUC
Herrn Übermauch
Leopoldstraße 198c
80801 München

München, 4. März 20(

Vermittlung Hermann Thomas Klein, Kaufmännischer Leiter

Sehr geehrter Herr Übermauch,

① wie heute telefonisch besprochen, sende ich Ihnen meinen Lebenslauf zu. Alle wichtigen Informationen über meinen beruflichen Werdegang und meine Qualifikationen finden Sie dort. Sollten dennoch Fragen auftauchen, erreichen Sie mich am besten unter folgender Mobilfunknummer:
② 0177/564 4343.

③ Ich möchte Sie bitten, meine Unterlagen vertraulich zu behandeln und nicht ohne vorherige Rücksprache mit mir weiterzureichen.

Ich möchte mich noch einmal für Ihr Engagement und das freundliche und informative Telefonat bedanken und verbleibe mit

freundlichen Grüßen

Hermann Klein

Anlage
- Lebenslauf

Kommentar zum Anschreiben von Hermann Klein

① Kontaktaufnahme

Nehmen Sie auch zu einem Headhunter oder Personalvermittler vorab Kontakt auf und klären Sie ab, ob dieser überhaupt etwas für Sie tun kann. Blindlings die Bewerbungsunterlagen an alle Agenturen zu versenden ist nicht sinnvoll.

Im Anschreiben an einen Headhunter müssen Sie sich nicht weiter vorstellen oder versuchen, Parallelen zu möglichen Arbeitgebern aufzubauen. Der Verweis auf den Lebenslauf ist daher legitim.

② Informationen

Dennoch benötigt auch der Headhunter einige Informationen von Ihnen. Darüber nämlich, welche Vorstellungen Sie für Ihre berufliche Zukunft haben. Auch wenn Sie dies möglicherweise schon im Telefonat erwähnt oder mit dem Headhunter erarbeitet haben, sollten Sie die Ergebnisse zumindest noch einmal kurz zusammenfassen. Sicher ist sicher!

③ Vertraulichkeit

Zwar sollte man davon ausgehen können, dass ein Headhunter die zugesandten Unterlagen vertraulich behandelt. Doch es ist sicherer, noch einmal explizit darauf hinzuweisen – es sei denn, es macht Ihnen nichts aus, wenn Ihre Unterlagen die Runde machen.

EXPERTEN-TIPP

Nutzen Sie das Angebot von Headhuntern und Personalagenturen

Je höher Sie auf der Karriereleiter nach oben steigen, desto schwieriger wird es, auf dem herkömmlichen Weg eine neue Stelle zu finden. Viele Unternehmen suchen ihre leitenden Angestellten nicht mehr mittels Stellenanzeige oder informieren auf der firmeneigenen Homepage, dass sie ein neues Mitglied für die Vorstandschaft suchen. Das läuft inzwischen über Mittelsmänner. Wenn Sie also auf der Suche sind, sollten Sie auch diese Kanäle nutzen!

Hermann Thomas Klein

Lebenslauf

Persönliches

Anschrift	Hohenzollernstraße 59
	80801 München
Geburtsdatum	26. Oktober 1965
Geburtsort	Aschau
Familienstand	Verheiratet, drei Kinder
Nationalität	Deutsch

Kurprofil
- Betriebswirt mit Schwerpunkt Finanzen und Controlling, Bereich kaufmännische Leitung
- Langjährige Berufserfahrung, auch im internationalen Vertrieb
- Mitarbeiterführung (bis zu 50 Mitarbeiter)

Berufliche Erfahrung

Seit Jan 02   Kaufmännischer Leiter, Lügger GmbH, Ulm (international operierendes Unternehmen)
Personalverantwortung: inzwischen rund 50 Mitarbeiter
Umsatzvolumen etwa 60 Mio. Euro
- Unternehmensplanung
- Finanzbuchhaltung
- Kostenrechung
- Controlling
- Einkauf & Materialwirtschaft
- monatliche Erfolgsrechnung
- Deckungsbeitragsrechnung

05/99 bis 12/02   Leiter des Rechnungswesens, Quadländer GmbH, Köln (mittelständisches Unternehmen)
Personalverantwortung: 15 Mitarbeiter
- Finanzplanung, Erfolgsplanung
- Liquiditätsplanung
- Monats- und Jahresabschlüsse (Inventuraufnahme und -bewertung)
- Abwicklung des Bankwesens
- Warenkreditüberwachung
- Kostenrechnung, Controlling
- Versicherungswesen

Kommentar zum Lebenslauf von Hermann Klein

❶ Telefonnummer

Geben Sie auch in Ihrem Lebenslauf stets eine Telefon- bzw. eine Handynummer an, unter der Sie zu erreichen sind. Der Bewerber hat zwar im Anschreiben seine Mobilfunknummer angegeben, aber das genügt nicht!

❷ Kurzprofil

Ein Kurzprofil zu Beginn eines Lebenslaufs ist immer eine gute Sache. Der Leser erfährt alle wichtigen Eckinformationen über den Bewerber auf einen Blick.

❸ Berufliche Erfahrung

Die Stationen seiner beruflichen Erfahrung hat der Bewerber sehr gut herausgearbeitet. Personalverantwortung, Umsatzvolumen, Aufgaben und Verantwortungsbereiche – alles vorhanden! Hervorragend!

EXPERTEN-TIPP

Chronologisch oder gegenchronologisch

Viele Bewerber beginnen ihren Lebenslauf immer noch mit der Grundschule und arbeiten sich dann langsam zur Gegenwart vor. Diese Art des Aufbaus (chronologisch) verschwindet allerdings immer mehr. Personalern bleibt heute wenig Zeit, um Lebensläufe genau zu studieren bzw. sich durch drei Seiten schulische und berufliche Entwicklung durchzuarbeiten. Daher sollten Sie sich den Grundsatz zu eigen machen: Wichtiges und Informatives zuerst. Auf Nummer sicher geht man dabei mit einem gegenchronologischen Aufbau des Lebenslaufs. Das bedeutet, Sie beginnen mit dem Heute und arbeiten sich zur Grundschule zurück! Ganz so, wie es unser Bewerber hier getan hat.

02/97 bis 05/99	Kaufmännischer Leiter, Echmann Services, Halle (mittelständisches Unternehmen) Personalverantwortung: 12 Mitarbeiter • Finanzbuchhaltung • Kostenrechung, Controlling • Einkauf & Materialwirtschaft • Deckungsbeitragsrechnung
11/94 bis 12/96	Vertriebsleiter Innendienst, FVS GmbH, Hanau (mittelständisches Unternehmen) Personalverantwortung: 7 Mitarbeiter • Controlling und Erfolgskontrolle • Betreuung der Key Accounts • Optimierung der Arbeitsabläufe • Beschwerdemanagement
08/92 bis 10/94	Junior-Controller, Fa. Wellermann, Heidelberg (mittelständisches Unternehmen) Berufseinstieg

Zivildienst

05/93 bis 04/92	Zivildienstleistender beim Deutschen Roten Kreuz, Heidenheim Fahrer und Vertreter des Fahrdienstleiters

Ausbildung

10/88 bis 02/93	Universität Heidelberg Studium der Betriebswirtschaftslehre Schwerpunkte: Controlling und Finanzen Diplomnote: 2,0
09/85 bis 09/88	Ausbildung zum Industriekaufmann, Fa. Gaiger, Heidenheim Abschlussnote: 1,4
08/76 bis 06/85	Geschwister-Scholl-Gymnasium, Heidenheim Abiturnote: 2,7
08/72 bis 07/76	Grundschule, Heidenheim

Fortbildung

05/00 bis 02/02	ISH Bildungs- und Beratungsgesellschaft • Kommunikationstraining • Mitarbeiterführung • Moderationstraining

④ Zivildienst

Die Angaben zum Zivildienst gehören in den Lebenslauf, durchaus auch mit genauer Aufgabenbeschreibung.

⑤ Studium & Ausbildung

Studium und Ausbildung passen ins Bild und sind bestens dargestellt.

⑥ Fortbildung

Die Fortbildung führt der Bewerber nur knapp auf aber das genügt vollkommen. Die Schlagworte sind aussagekräftig genug!

EXPERTEN-TIPP

Beschreiben Sie Ihre Erfahrungen

Viele Bewerber beschränken sich darauf, ihre Position und allenfalls eine oder zwei Aufgaben zu benennen. Doch gerade bei leitenden Angestellten sollte die Darstellung der eigenen Aufgaben und Verantwortlichkeiten etwas ausführlicher sein. Prüfen Sie Ihre eigenen Unterlagen mithilfe unserer folgenden kleinen Checkliste, die Sie übrigens auch auf der beiliegenden CD-ROM finden.

CHECKLISTE: BERUFS- UND PROJEKTERFAHRUNG

Sind die Angaben zu meiner Berufs- und Projekterfahrung vollständig?	Bemerkungen
Name und Ort des Unternehmens/Arbeitgebers	
Meine Position, meine Hierarchieebene	
Meine Aufgaben	
Eventuell technisches oder fachspezifisches Know-how	
Meine Verantwortung: Mitarbeiter, Budget, Umsatz etc.	
Größe des Kundenstamms	

Weitere Qualifikationen

EDV & IT
- MS Office (Word, Excel, PowerPoint, Access, Project) sowie verschiedene Mailclients

Sprachen
- Englisch: fließend in Wort und Schrift, verhandlungssicher
- Französisch: gut
- Spanisch: gut

München, im März 2007

❼ EDV und IT

Überraschend wenig EDV- bzw. IT-Kenntnisse für einen kaufmännischen Leiter mit dieser langjährigen Berufserfahrung. Da sollte der Bewerber noch einmal in sich gehen, da fehlt sicherlich einiges!

Gesamteindruck

Abgesehen von den überraschend wenigen EDV- und IT-Kenntnissen eine gelungene Bewerbung bzw. ein gelungener Lebenslauf. Im Schreiben an die Headhunter sollte der Bewerber daran denken, seine beruflichen Ziele und Wünsche zu benennen.

Erfolgsaussichten

Sollte der Headhunter tatsächlich ein interessantes und auf den Bewerber passendes Stellenangebot haben, wird er dessen Unterlagen wohl weiterleiten.

CD-ROM

Optimierte Bewerbung auf CD
Diese Bewerbung – Anschreiben und Lebenslauf – haben wir für Sie optimiert. Sie finden sie auf Ihrer CD-ROM, direkt zum Übernehmen in Ihre Textverarbeitung.

EXPERTEN-TIPP

Englischer Lebenslauf
Wenn Sie sich vorstellen können oder mit dem Gedanken tragen, auch im Ausland zu arbeiten, sollten Sie eine Version Ihres Lebenslaufs in englischer Sprache verfassen. Das gilt übrigens auch, wenn Sie sich für ein internationales Unternehmen oder einen sogenannten Global Player interessieren.

> **EXPERTEN-TIPP**

Kontaktinformationen von Personalberatern (Auswahl)

- Kienbaum Consultants International GmbH
  Ahlefelder Straße 47
  51645 Gummersbach
  Tel.: (22 61) 7 03-0
  E-Mail: kienbaum@kienbaum.de
  Internet: www.kienbaum.de

- access AG
  Schanzenstr. 23
  51063 Köln
  Tel.: (02 21) 95 64 90-0
  E-Mail: info@access.de
  Internet: www.access.de

- PAPE Consulting Group AG
  Hainbuchenring 4
  D-82061 Neuried
  Tel. : (089) 89 93 60 - 6
  E-Mail: info@pape.de
  Internet: http://www.pape.de

- Michael Page International (Deutschland) GmbH
  Nibelungenplatz 3
  60318 Frankfurt am Main
  Tel.: (069) 50 77 8-0
  E-Mail: mpde-webmaster@michaelpage.com
  Internet: www.michaelpage.de

- Civitas International
  Rothenbaumchaussee 193
  20149 Hamburg
  Tel.: (040) 45 01 79-0
  E-Mail: office-hamburg@civitas.com
  Internet: www.civitas.de

- Steinbach Consulting AG
  Ebniseestr. 18
  71566 Althütte
  Tel.: (07183) 95 90 1-0
  E-Mail: althuette@steinbach-partner.de
  Internet: www.steinbach-partner.de

Bewerbung als kaufmännischer Geschäftsführer

Kurzes Profil des Bewerbers
- Gebietsleiter für Niedersachsen und Bremen
- 38 Jahre alt
- Verantwortlich für 300 Mitarbeiter in 26 Filialen
- Umsatzvolumen: 180 Millionen
- Studium der Wirtschaftswissenschaften, anschließend Trainee
- Zwischenzeitlich Berater bei einem Finanzdienstleister
- Führungspersönlichkeit, Vertriebsprofi

Wunsch:
Möchte nach vier Jahren als Gebietsleiter und nach über acht Jahren im selben Unternehmen etwas Neues kennenlernen und sich neuen Herausforderungen stellen.

Idee:
Konkrete Bewerbung auf eine Stellenanzeige einer Personalberatungsgesellschaft

Adrian Hansemann

Am Kleinacker 4
31785 Hameln
05151-886125
0151-6985224

Human Consulting
Frau Zeitling
Bergedorfer Straße 155a
21029 Hamburg

Hameln, 7. Februar 2007

① **Bewerbung als kaufmännischer Geschäftsführer**

Sehr geehrte Frau Zeitling,

② mit großem Interesse habe ich Ihre Anzeige in der Financial Times Deutschland gelesen. Demnach suchen Sie für einen Ihrer Klienten einen kaufmännischen Geschäftsführer. Ich möchte mich für diesen Posten ins Gespräch bringen und sende Ihnen heute meine Bewerbungsunterlagen zu.

③ Seit nunmehr vier Jahren leite ich als Gebietsleiter für Niedersachsen und Bremen derzeit 26 Filialen mit rund 300 Mitarbeitern. In unmittelbarer Zukunft sollen drei weitere Filialen hinzukommen, fünf wurden in den vergangenen drei Jahren bereits eröffnet. Für die Planung, Umsetzung und erfolgreiche Marktplatzierung zeichne ich verantwortlich. Hierfür konnte ich vor allem mein unternehmerisches Gespür unter Beweis stellen.

④ Als verantwortlicher Leiter kann ich auf zahlreiche Erfahrungen und Fähigkeiten zurückgreifen. Dazu gehören selbstverständlich die Bereiche Controlling, Finanzen und Personal. Auch im Hinblick auf die wirtschaftliche Weiterentwicklung habe ich in der Vergangenheit richtige und vor allem zukunftsweisende Entscheidungen getroffen. Ich bin sowohl für die Marktplatzierung und Einführung, vor allem aber für die Rentabilität und den Gewinnabwurf unserer Filialen verantwortlich. Bislang habe ich alle Erwartungen unserer Geschäftsführung übertroffen.

⑤ Nach vier Jahren Gebietsleiter bzw. nach über acht Jahren im selben Unternehmen möchte ich etwas Neues kennen lernen, mich neuen Herausforderungen stellen. Die Leitung eines mittelständischen Unternehmens mit rund 500 Mitarbeitern erscheint mir dabei als eine interessante und abwechslungsreiche Aufgabe, der ich mich durchaus gewachsen fühle.

Da ich mich in einer unbefristeten und ungekündigten Stellung befinde, möchte ich Sie bitten, meine Bewerbung vertraulich zu behandeln. Für weitere Fragen oder ein persönliches Gespräch stehe ich Ihnen sowie Ihrem Klienten selbstverständlich gerne zur Verfügung.

Bis dahin verbleibe ich

mit freundlichen Grüßen

Adrian Hansemann

Kommentar zum Anschreiben von Adrian Hansemann

❶ Betreffzeile

Denken Sie daran, dass Personalberatungen eine Vielzahl von Anzeigen schalten. Meist ist eine Referenznummer angegeben, die Sie bei Ihrer Bewerbung angeben sollten, damit diese schneller zugeordnet bzw. an den richtigen Berater weitergeleitet werden kann.

❷ Einstieg

Klassischer Einstieg, aber durchaus gelungene Formulierung.

❸ Jetzige Position

Der Bewerber stellt sich und seine jetzige Position, seine Aufgaben und so weiter kurz vor. Man erhält einen Einblick in seinen Verantwortungsbereich.

❹ Spärliche Informationen

Die Stellenausschreibungen von Personalberatern strotzen nicht gerade vor Informationen. Das Unternehmen wird meist nur vage vorgestellt (Größe, Branche), die Aufgaben grob umrissen. Da ist es nicht einfach, Bezug zu nehmen. Unser Bewerber hat es dennoch ganz passabel gemeistert.

❺ Gründe für den Wechsel

Offen und ehrlich spricht der Bewerber an, dass er nach acht Jahren bei derselben Firma und nach vier Jahren als Gebietsleiter ein neues Unternehmen, eine neue Herausforderung kennenlernen möchte. Das ist nachzuvollziehen.

Lebenslauf

Adrian Hanser

Am Kleinac
31785 Ha
05151-88
0151-698

Persönliche Informationen

- Geboren am 12. November 1969, Holzminden
- Verheiratet, zwei Töchter (Lena, 4 Jahre, und Amily, 2 Jahre)

Mein Kurzprofil

- Gebietsleiter für Niedersachsen und Bremen
- Verantwortlich für 300 Mitarbeiter in 26 Filialen
- Umsatzvolumen: 180 Millionen Euro
- Controlling, Finanzen, Personal (langjährige Erfahrung)
- 38 Jahre alt
- Führungspersönlichkeit
- Vertriebsprofi

Berufserfahrung

Seit 01/03	**Weisberger & Partner, Hannover** Gebietsleiter für Niedersachsen und Bremen Verantwortlich für knapp 300 Mitarbeiter in 26 Filialen Umsatzverantwortung: rund 180 Millionen Euro • Erarbeitung und Umsetzung von Marketingstrategien • Planung und Neueröffnung von weiteren Filialen • Personalplanung und -entwicklung, Mitarbeiterführung • Budgetierung, Controlling • Marktanalyse • Produkt- und Sortimentsgestaltung • Berichterstattung an die Geschäftsführung
06/00 – 12/02	**Weisberger & Partner, Hannover** Niederlassungsleiter der Niederlassungen Weisberger & Partner in men, verantwortlich für rund 60 Mitarbeiter in fünf Filialen Umsatzverantwortung: rund 35 Millionen Euro • Großkundenbetreuung, Kundenakquise • Positionierung der Niederlassungen am Markt • Personalplanung und -entwicklung, Mitarbeiterführung • Berichterstattung an Gebietsleiter und Geschäftsführung
07/98 – 05/00	**MLP Finanzdienstleistungen, Hannover** Selbstständiger Finanzberater • Kundenberatung und Betreuung
07/96 – 05/98	**Weisberger & Partner, Hannover** Trainee zum Niederlassungsleiter

Kommentar zum Lebenslauf von Adrian Hansemann

① Layout

Prinzipiell ein ansprechendes Erscheinungsbild.

② Kurzprofil

Das Kurzprofil steht an der richtigen Stelle und enthält alle wichtigen Informationen. So stellt sich der Leser das vor!

③ Berufsstationen

Der Bewerber stellt seine bisherigen Berufsstationen nicht nur übersichtlich, sondern auch sehr aussagekräftig dar. So kann sich der Leser ein genaues Bild sowohl vom Tätigkeitsbild als auch von den Verantwortungsbereichen machen und es bleibt kaum eine Frage offen.

④ Erste Berufsstationen

Die beiden ersten Berufsstationen liegen über sieben bzw. zehn Jahre zurück. Diese muss der Bewerber nicht in der Ausführlichkeit darstellen, wie er dies bei seinen jüngsten Aufgabenbereichen getan hat.

Ausbildung (Studium)

10/92 – 03/96 Leibniz Universität Hannover
Studium der Wirtschaftswissenschaften
Abschluss: Diplom-Kaufmann, Note: 1,8

Wehrzeit

09/91 – 08/92 Wehrdienst beim Fallschirmjäger-Bataillon 271 in Iserlohn

Ausbildung (Lehre)

09/88 – 08/91 Geismann GmbH, Hildesheim
Ausbildung und Groß- und Außenhandelskaufmann

Ausbildung (Schule)

07/79 – 05/88 Campe-Gymnasium, Holzminden
07/75 – 06/79 Astrid-Lindgren-Schule, Holzminden

Fort- und Weiterbildung

12/00 – 12/01 Akademie für Erwachsenenbildung, Hannover
Verschiedene Seminare
- Erfolgreiche Mitarbeiterführung, Mitarbeiterförderung
- Verkaufsstrategien
- Rhetorik
- Kommunikationstechniken

07/98 – 06/99 Ils – Institut für Lernsysteme
- Cambridge Certificate in Advanced English
- Marketing & Marktforschung

EDV-Kenntnisse

Fundierte EDV-Kenntnisse
- MS-Office-Anwendungen (Word, Excel, PowerPoint, Access), Mac
- Betriebssysteme (Windows 9x/NT/2000, Linux, Unix, MacOS)
- SQL
- SPSS
- Personal-Software (EDUCTA, SCOUT, HCM)
- HTML, PHP
- Hexbase, Apache, Dreamweaver

❺ Diplomnote

Die Diplomnote vervollständigt die Unterlagen, das gilt auch für die Abiturnote. Viele Personaler machen sich gerne ein vollständiges Bild des Bewerbers, auch wenn es nur darum geht, eine Entwicklung über die Jahre zu erkennen. Wenn Sie sich beruflich etabliert und bewiesen haben, wird Ihnen eine schlechte Abiturnote nur in den seltensten Fällen tatsächlich schaden.

❻ Seminare

Fort- und Weiterbildungsseminare sagen nicht nur etwas über die Fähigkeiten aus, die sich der Bewerber über die Jahre angeeignet hat. Vielmehr beweisen sie, dass der Bewerber bereit ist, Zeit und Engagement in seine berufliche Zukunft zu investieren – in der Regel während seiner Freizeit.

❼ EDV-Kenntnisse

Die umfangreiche Liste an EDV-Kenntnissen bestätigen das bisherige Bild: Hier bewirbt sich ein Kandidat, der über einige Jahre Berufserfahrung und zahlreiche Qualifikationen verfügt.

EXPERTEN-TIPP

Wehrdienst & Co.

Die Wehrdienstzeit muss auf jeden Fall in den Lebenslauf. Das gilt auch für alle anderen abgeleiteten Dienste, etwa

- Zivildienst,
- Ersatzdienste, etwa beim Deutschen Roten Kreuz, beim Technisches Hilfswerk oder bei der freiwilligen Feuerwehr,
- freiwillige Dienste, etwa freiwilliges soziales Jahr, freiwilliges ökologisches Jahr usw.

Nennen Sie nicht nur die Dauer des Dienstes, sondern auch Ihren Einsatzort und am besten auch Ihre Position sowie Ihre Aufgaben. Das gilt für Wehr- und Ersatzdienste, vor allem aber für freiwillig geleistete Dienste. Denn hier kann sich der Leser meist wenig darunter vorstellen. Was macht jemand während eines freiwilligen ökologischen Jahres?

Sprachkenntnisse

- Englisch: verhandlungssicher in Wort und Schrift
- Niederländisch: fließend
- Französisch: gut
- Spanisch: Grundkenntnisse
- Italienisch: Grundkenntnisse

Interessen

- Fotografie, Eisenbahn, Jazz

Hameln, im Februar 2007

⑧ Sprachkenntnisse

Die Sprachkenntnisse unseres Bewerbers sind umfangreich und beeindruckend. Das geht aus dem Rest des Lebenslaufs nicht hervor. Der Leser wird sich also fragen, woher diese Kenntnisse kommen. Es wäre daher zu empfehlen, vor allem bei den ersten zwei, drei Sprachen in Klammern hinzuzufügen, worauf die Kenntnisse basieren.

⑨ Interessen

Man liest immer wieder, dass berufserfahrene Bewerber auf die Nennung ihrer Interessen und Hobbys verzichten sollten. Wir sind hier anderer Meinung. Nicht nur, weil Interessen oder Hobbys das Bild des Bewerbers komplettieren. Immer mehr Arbeitgeber legen gerade bei Führungskräften Wert auf einen ausgeglichenen Mitarbeiter, einen Mitarbeiter, der es versteht, eine Balance zwischen Berufs- und Privatleben zu schaffen, der es versteht, im Privaten neue Kraft für den Beruf zu schöpfen. Interessen und Hobbys sind hierfür zwar kein verlässlicher, aber ein guter Indikator.

Gesamteindruck

Der Lebenslauf ist nicht nur optisch einwandfrei, sondern auch inhaltlich. Der Bewerber zeichnet ein konstantes Bild von sich und seiner Karriere. Der Leser kann die berufliche Entwicklung gut nachvollziehen.

Das Anschreiben ist angesichts der mageren Informationslage über das Unternehmen und die ausgeschriebene Stelle ganz passabel geworden.

Erfolgsaussichten

Offen bleibt natürlich die Frage, ob der Bewerber auf die zu besetzende Stelle passt. Diese Vorauswahl trifft der Peronalberater. Formal existieren jedenfalls keine Gründe, die gegen eine Weitergabe der Unterlagen sprechen.

CD-ROM

Optimierte Bewerbung auf CD
Diese Bewerbung – Anschreiben und Lebenslauf – haben wir für Sie optimiert. Sie finden sie auf Ihrer CD-ROM, direkt zum Übernehmen in Ihre Textverarbeitung.

> **EXPERTEN-TIPP**

Körpersprache im Vorstellungsgespräch

Achten Sie während des Vorstellungsgesprächs auf Ihre Körpersprache, denn diese sagt nahezu genauso viel aus wie Ihre Antworten. Sie können nicht behaupten, ein aufgeschlossener Mensch zu sein, der sich gerne an neue Aufgaben und Herausforderungen heranwagt, wenn Sie mit verschränkten Armen oder einem ängstlichen Gesichtsausdruck Ihrem Gesprächspartner gegenübersitzen. Genauso wenig überzeugend ist es, wenn Sie sich als ruhigen und besonnenen Menschen beschreiben, dessen Stärke es ist, rational an die Lösung von Problemen heranzugehen, und dabei nervös auf dem Stuhl herumrutschen, intensiv gestikulieren oder aufbrausend auf provokante Fragen reagieren.

Versuchen Sie, im Gespräch nicht negativ durch Ihre Körpersprache aufzufallen. Achten Sie darauf,

- locker, entspannt und aufrecht zu sitzen,
- Arme und Beine nicht zu verschränken,
- nicht auf dem Stuhl herumzurutschen,
- nicht zu wippen,
- nicht zu intensiv zu gestikulieren,
- bei Fragen nicht die Stirn zu runzeln oder anderen negativen Mimiken zu reagieren,
- sich Ihrem Gesprächspartner zuzuwenden und nicht auf den Boden oder aus dem Fenster zu schauen,
- allen Gesprächspartnern die gleiche Aufmerksamkeit zu schenken; schauen Sie sie abwechselnd an,
- bei Fragen zu nicken, es sei denn, Sie haben sie nicht verstanden,
- nicht nervös mit Händen oder Füßen zu trommeln,
- die Hand nicht vor den Mund zu halten, während Sie sprechen; das sieht nicht nur unhöflich aus, Sie werden möglicherweise auch schlecht oder gar nicht verstanden,
- nicht an den Fingernägeln zu kauen oder mit den Haaren zu spielen,
- ab und zu lächeln; das entspannt die Situation und Ihre Gesichtsmuskeln.

Ihr abschließender Bewerbungs-Check

An dieser Stelle finden Sie zusammengefasst die wichtigsten Checklisten, mit denen Sie Ihre Bewerbungsunterlagen nochmals abschließend überprüfen können. Arbeiten Sie sorgfältig und nehmen Sie sich ausreichend Zeit, es lohnt sich. Sie finden alle Checklisten auf Ihrer CD-ROM zum Ausdrucken.

CHECKLISTE: ABSCHLUSSPRÜFUNG DECKBLATT

Habe ich an alles gedacht?	Ja	Nein
Ist ein Foto (4 × 6 Zentimeter) enthalten?	✓	
Sind alle persönlichen Angaben (Name, Anschrift, Kontaktdaten wie Telefon- und Faxnummern, E-Mail-Adresse) vermerkt?		
Ist der Name des Unternehmens, bei dem ich mich bewerbe, auf dem Deckblatt?		
Habe ich die Position, um die ich mich bewerbe, genannt?		
Ist das Layout ansprechend gestaltet?		

CHECKLISTE: ABSCHLUSSPRÜFUNG ANSCHREIBEN

Habe ich an alles gedacht?	Ja	Nein
Nehme ich Bezug auf das geführte Telefonat?	✓	
Führe ich meine bisherigen Tätigkeiten kurz auf?		
Begründe ich, warum ich für das Unternehmen arbeiten möchte?		
Erkläre ich, warum ich mich beruflich verändern möchte?		
Komme ich auf meine Fähigkeiten, Stärken und sozialen Kompetenzen zu sprechen?		
Schaffe ich eine Verknüpfung zwischen meinen Fähigkeiten und den Anforderungen und Wünschen des Arbeitgebers?		
Führt ein roter Faden durch mein Anschreiben? Ist es schlüssig aufgebaut und nachvollziehbar?		
Spreche ich mein Gegenüber persönlich an?		
Ist das Layout ansprechend, einheitlich, übersichtlich und leserfreundlich?		
Ist das Anschreiben nicht länger als eine Seite?		
Habe ich genügend Absätze eingebaut, damit das Schreiben übersichtlich und aufgelockert wirkt?		

Habe ich an alles gedacht?	Ja	Nein
Sind meine persönlichen Daten und Kontaktinformationen vollständig angegeben (Name, Anschrift, Telefon, Handynummer, E-Mail-Adresse, Geburts- und Wohnort, Familienstand)? Habe ich sie ansprechend gestaltet?		
Stimmt die Anschrift des Unternehmens?		
Habe ich die Kontaktperson in der Adresse benannt?		
Sind alle notwendigen Informationen in der Betreffzeile enthalten?		
Ist die Betreffzeile hervorgehoben?		
Ist die Schriftgröße (11 oder 12 Punkt) richtig? Habe ich eine ansprechende Schriftart (Times New Roman oder Arial) gewählt?		
Habe ich den richtigen Ansprechpartner in der Begrüßungszeile benannt?		
Sind die Sätze klar, verständlich und unkompliziert formuliert?		
Habe ich die Schlussformel („Zu einem persönlichen Gespräch ...") gesetzt?		
Und habe ich an die Grußformel („Freundliche Grüße") gedacht?		
Ist das Anschreiben unterschrieben (Vor- und Nachname)?		
Sind die Anlagen vollständig aufgeführt?		
Habe ich die Rechtschreibung (auch mithilfe eines Rechtschreibprogramms) geprüft?		
Sind alle Satzzeichen richtig gesetzt?		
Hat ein Freund oder Bekannter das Anschreiben Korrektur gelesen?		

✓ CHECKLISTE: ABSCHLUSSPRÜFUNG LEBENSLAUF

Habe ich an alles gedacht?	Ja	Nein
Ist das Layout strukturiert und übersichtlich?	✓	
Findet sich der Leser schnell zurecht?		
Ist die Seite nicht zu überladen?		
Habe ich an alle meine Kontaktdaten gedacht (Name, Anschrift, Telefon, Handynummer, E-Mail-Adresse)?		
Sind meine persönlichen Daten vollständig (Geburtsdatum und Geburtsort, Familienstand und Kinder, Nationalität)?		
Habe ich die Stationen in meinem Lebenslauf jeweils in logische Blöcke zusammengefasst?		
Sind die Zeitangaben einheitlich und chronologisch/gegenchronologisch gehalten?		
Habe ich die Zeitangaben auf den Monat genau bestimmt?		

Habe ich an alles gedacht?	Ja	Nein
Sind alle Zeitangaben schlüssig und richtig angegeben?		
Ist der Lebenslauf lückenlos?		
Sind alle beruflichen Stationen einheitlich dargestellt?		
Habe ich bei meinen beruflichen Stationen an alle formalen Angaben gedacht (Name und Sitz der Firma, eigene Position und Aufgaben, Verantwortungsbereich)?		
Ist ein durchgehender roter Faden im Lebenslauf erkennbar (Karriereplanung/Karriereverlauf)?		
Habe ich unnötige Informationen gestrichen?		
Sind alle nicht alltäglichen Abkürzungen einmal ausgeschrieben?		
Sind alle Fachbegriffe verständlich oder erklärt?		
Habe ich all meine Fremdsprachen- und EDV-Kenntnisse einzeln benannt und bewertet?		
Habe ich an meine Fortbildungsmaßnahmen gedacht?		
Habe ich Rechtschreibung, Zeichensetzung und Grammatik überprüft?		
Ist der Lebenslauf mit Erstellungsort und -datum versehen?		
Habe ich den Lebenslauf unterschrieben?		

CHECKLISTE: ABSCHLUSSPRÜFUNG DRITTE SEITE

Habe ich an alles gedacht?	Ja	Nein
Fügt sich die Seite mit ihrem Layout in die Bewerbungsmappe ein?	✓	
Sind alle persönlichen Daten angegeben?		
Habe ich an meine Kontaktdaten gedacht?		
Entsprechen Schriftgröße und -art denen in Anschreiben und Lebenslauf?		
Ist der Aufbau übersichtlich und der Text leicht lesbar?		
Habe ich die Seite nicht überfrachtet (maximal 30 Zeilen)?		
Bietet die Seite im Vergleich zu Lebenslauf und Anschreiben inhaltlich einen Mehrwert? Kommen also nicht nur Daten und Fakten zur Sprache, die nichts über meine Qualifikation aussagen?		
Ist die Seite interessant gestaltet?		
Habe ich eine Überschrift gewählt, die neugierig macht?		
Habe ich meine Stärken, Soft Skills und sonstigen Qualitäten sinnvoll und aussagekräftig eingebaut?		
Trägt die Seite das aktuelle Datum?		

✓ CHECKLISTE: ABSCHLUSSPRÜFUNG BEWERBUNGSMAPPE

Habe ich an alles gedacht?	Ja	Nein
Habe ich einen neuen Klemmhefter in neutraler Farbe (weiß, schwarz oder grau) gewählt?	✓	
Ist das Papier für Lebenslauf und Anschreiben dick genug (80 g/m²)?		
Sind keine Falten oder Knicke in den Unterlagen?		
Sind die Zeugnisse gut lesbar (ohne Streifen etc.)?		
Habe ich einen DIN-A4-Umschlag für den Versand gewählt? Bewerbungsunterlagen nicht knicken!		
Habe ich den Brief ausreichend frankiert? Im Zweifelsfall lieber zur nächsten Postfiliale gehen und dort frankieren lassen!		
Habe ich den üblichen Postweg gewählt? Bewerbungsunterlagen nicht per Einschreiben verschicken!		

Was kommt danach? Wie geht es weiter?

Sie haben Ihre Bewerbung einem letzten Check unterzogen und die Unterlagen in die Post gegeben. Doch damit ist es noch lange nicht getan. Sie müssen nachhaken und mit den Zielunternehmen Kontakt halten. In der Regel sendet Ihnen die Personalabteilung eine Bestätigung, dass Ihre Unterlagen eingegangen sind, und teilt Ihnen weitere Schritte mit, sprich: wie lange die Sichtung Ihrer Unterlagen dauert und wann Sie mit einer ersten qualitativen Antwort rechnen können, ggf. auch, wann Sie sich wieder melden können.

Sollte sich die Personalabteilung wider Erwarten nicht bei Ihnen melden, dürfen Sie nicht nur nachhaken, Sie müssen dies sogar tun! Bei regulären Bewerbungen rufen Sie ein bis zwei Wochen nach Absenden der Unterlagen beim Ansprechpartner an und fragen nach: etwa ob das Unternehmen die Unterlagen tatsächlich erhalten hat und wie die weitere Vorgehensweise aussieht. Bei einer Initiativbewerbung sollten Sie den Personalverantwortlichen etwas mehr Zeit lassen. Immerhin bewerben Sie sich nicht auf eine ausgeschriebene Stelle. Der Personalverantwortliche muss also erst einmal prüfen, ob Sie ins Unternehmen passen, welche Qualifikationen Sie haben und ob er eine interessante und passende Position für Sie in Aussicht hat. Auch hier können Sie sich bei Ihrem Ansprechpartner erkundigen, ob Ihre Unterlagen angekommen sind und wie es nun weitergeht. So kommen Sie schnell und unverfänglich ins Gespräch.

Den Überblick bewahren

Wenn Sie mehr als eine Bewerbung losschicken, sollten Sie darauf achten, dass Sie nicht den Überblick verlieren. Am besten machen Sie sich für jede Bewerbung eine Liste mit den wichtigsten Informationen, dann kommen Sie auch bei einem überraschenden Rückruf eines Personalbeauftragten nicht ins Straucheln.

- Name des Unternehmens, bei dem Sie sich bewerben
- Kurze Stellenbeschreibung
- Ansprech- bzw. Gesprächspartner
- Gesprächsnotizen von bisherigen Gesprächen
- Zeitpunkt der Bewerbung
- Aktueller Stand der Bewerbung
- Rückmeldungen des Unternehmens
- Eigene Nachfragen
- Ergebnis
- Im Fall einer Absage: Gründe erfragen und notieren!

> **! EXPERTEN-TIPP**
>
> **Im Fall einer Absage: Gründe erfragen!**
> Wenn Ihnen ein Unternehmen eine Absage zukommen lässt, dann erhalten Sie meist einen Brief mit einer Standardabsage. Scheuen Sie sich nicht davor, zum Hörer zu greifen und nach den Gründen zu fragen. Denken Sie daran: Sie haben nichts zu verlieren und können aus den Antworten nur lernen. Mögliche Fragen sind etwa: Woran hat es gelegen? Habe ich nicht die richtigen Qualifikationen? Habe ich zu wenig Erfahrung? Was könnte ich ändern?

Das Telefoninterview

Manche Unternehmen laden nicht direkt zu einem Bewerbungsgespräch ein, sondern führen sogenannte Telefoninterviews – das spart Zeit und Kosten. In der Regel nimmt der Arbeitgeber vorab Kontakt mit Ihnen auf, kündigt ein derartiges Telefonat an und macht einen Termin mit Ihnen aus. Das Telefoninterview entspricht in vielen Details einem ersten Vorstellungsgespräch. Viele Unternehmen testen hier vorab ein paar Fähigkeiten, auf die sie besonderen Wert legen, oder wollen grundlegende Dinge klären, ehe sie einen Kandidaten zu einem persönlichen Gespräch einladen.

> **! EXPERTEN-TIPP**
>
> **Lassen Sie sich am Telefon nicht überrumpeln**
> Manche Personaler wollen das Telefoninterview sofort führen. Lassen Sie sich darauf nicht ein. Scheuen Sie sich nicht davor, einen separaten Termin auszumachen. Dann können Sie sich auf das Gespräch vorbereiten und einstellen.

Es folgen nun einige Beispielfragen, die in Telefoninterviews gestellt werden können. Diese variieren natürlich – abhängig von Position, Aufgabe und Verantwortungsbereich der zu besetzenden Stelle. Bereiten Sie sich auf Fragen, die für Ihren Einzelfall von Bedeutung sein können, vor.

- Würden Sie kurz Ihren beruflichen Werdegang wiedergeben? (Da dies meist anhand Ihres Lebenslaufs geschieht, sollten Sie diesen bereitliegen haben.)
- Erläutern Sie mir bitte kurz Ihre jetzige Position, Ihre Aufgaben sowie Verantwortungsbereiche (Personal- und Budgetverantwortung etc.).
- Warum haben Sie sich gerade bei uns beworben?
- Wo liegt Ihrer Meinung nach die Stärke eines Teams?
- Sehen Sie sich als Teamplayer?
- Welche konkreten IT- oder EDV-Erfahrungen haben Sie?
- Haben Sie Projekterfahrung? Wenn ja, welche?

- Können wir das Gespräch in Englisch fortsetzen?
- Welche Kündigungsfristen haben Sie?
- Wie sehen Ihre Gehaltsvorstellungen aus?
- Was erwarten Sie von einem Arbeitgeber?
- Was erwarten Sie von einem Vorgesetzten?

Wenn Sie zeitliche Lücken oder andere Schwachstellen im Lebenslauf haben, sollten Sie damit rechen, dass Sie danach gefragt werden, und sich dementsprechend vorbereiten.

Das Vorstellungsgespräch

So gut der Eindruck Ihrer schriftlichen Bewerbung auch gewesen sein mag, im Bewerbungsgespräch müssen Sie persönlich überzeugen und zwar sofort, an Ort und Stelle. Sie können nicht lange nachdenken, sondern müssen umgehend reagieren und agieren. Deshalb sollten Sie auf Ihr Bewerbungsgespräch gut vorbereitet sein und den Termin nicht auf die leichte Schulter nehmen. Mit einigen Situationen kann man besser umgehen, wenn man vorab weiß, wie man sich verhalten könnte.

EXPERTEN-TIPP

Kurzfristige Absagen

Vermeiden Sie kurzfristige Absagen oder häufiges Verschieben von Terminen. Einmal geht das sicherlich in Ordnung, doch häufiger sollte das nicht vorkommen, da dies auch die Wertschätzung widerspiegelt, die Sie Ihrer Bewerbung beimessen.

Man kann sich nicht auf alles vorbereiten, aber für ein paar Situationen können Sie sich wappnen. Machen Sie sich schon vorab zu der einen oder anderen Frage Gedanken.

CHECKLISTE: VORBEREITUNG AUF DAS VORSTELLUNGSGESPRÄCH

Wichtige Fragen im Vorstellungsgespräch	Bemerkungen
Warum wollen Sie zu diesem Unternehmen?	
Wo liegen Ihre Stärken?	
Wo sehen Sie Ihre Schwächen?	
Was reizt Sie an der Aufgabe, der Position, der Stelle?	

Tragen Sie die Schlüsselinformationen über das Unternehmen zusammen (Größe, Umsatz, wirtschaftliche Standorte, Mitarbeiter, Produkte, Leistungen, Marktanteil, Unternehmensstruktur, Personalien der Vorstände, Entscheidungsträger etc.)	
Überlegen Sie sich Fragen, die Sie Ihrem Gesprächspartner stellen wollen. Gehen Sie davon aus, dass er Sie darauf ansprechen wird!	
Machen Sie sich Gedanken über Ihre Gehaltsvorstellungen.	
Stellen Sie Ihre Wünsche und Vorstellungen bezüglich der Stelle und des Arbeitgebers zusammen.	

Ihr Erscheinungsbild und Auftreten beim Bewerbungsgespräch

Neben den persönlichen Qualitäten spielen das Erscheinungsbild und Auftreten eine wichtige Rolle.

CHECKLISTE: AUFTRETEN BEIM BEWERBUNGSGESPRÄCH

Bin ich gut für das Vorstellungsgespräch gerüstet?	Ja	Nein
Tragen Sie ordentliche und der Position entsprechende Kleidung und Schuhe.	✓	
Rasieren Sie sich, gehen Sie gegebenenfalls noch zum Friseur.		
Seien Sie ausgeschlafen.		
Begrüßen Sie Mitarbeiter, Damen zuerst.		
Stellen Sie sich vor – mit vollem Namen und mit Händedruck. Achten Sie darauf, dass Sie keine nassen Hände oder Mundgeruch haben. Lutschen Sie ggf. ein paar Minuten vor dem Treffen ein Pfefferminzbonbon.		
Achten Sie darauf, dass Sie weder nach Schweiß noch nach zu viel Parfum oder Aftershave riechen.		
Seien Sie pünktlich. Suchen Sie sich die Streckenführung für den Hinweg rechtzeitig heraus.		
Seien Sie freundlich und offen. Etwas Smalltalk, etwa über die Anreise, lockert die Atmosphäre.		
Seien Sie selbstbewusst, aber nicht zu siegessicher. Vermeiden Sie, arrogant oder überheblich zu wirken.		

Auch für das Vorstellungsgespräch an sich einige Empfehlungen, wie Sie sich am besten verhalten:

- Bewahren Sie Ruhe und versuchen Sie, entspannt zu wirken.
- Lassen Sie Ihr Gegenüber ausreden.
- Suchen Sie den Augenkontakt, sonst wirken Sie scheu und unsicher.
- Treten Sie selbstbewusst, aber nicht überheblich auf.
- Bleiben Sie Ihrer Linie und Ihren Grundsätzen treu.
- Reden Sie Ihrem Gesprächspartner nicht nach dem Mund, vielleicht testet er Sie nur.
- Ziehen Sie nicht über Ihre bisherigen Arbeitgeber oder die Konkurrenz her.

EXPERTEN-TIPP

Nutzen Sie die Wirkung einer Pause

In manchen Situationen ist es hilfreich, sich eine kleine Pause von zehn bis 20 Sekunden zu gönnen. Dadurch wirken Sie besonnen und gelten als jemand, der nichts überstürzt. Manchmal verbessert eine schöpferische Pause auch die Ausgangsposition und macht Sie glaubwürdig, zum Beispiel wenn es um Ihre Gehaltsvorstellungen geht.

Das Assessment Center

Das Assessment Center (AC) ist eine besondere Form des Vorstellungsgesprächs. Dabei handelt es sich um eine Mischung aus verschiedenen Übungen und Tests, mit denen der Arbeitgeber herausfinden möchte, ob der Kandidat den Anforderungen des Unternehmens entspricht. Ein AC dauert zwischen einem Tag und drei Tagen. Sie sind meist nicht alleine, sondern verbringen den Testtag bzw. die Testtage mit einigen anderen Bewerbern. Bei einem AC werden u. a. die folgenden Fähigkeiten geprüft.

Administrative Fähigkeiten	■ Entscheidungsverhalten ■ Delegationsfähigkeiten ■ Setzen von Prioritäten etc.
Analytische Fähigkeiten	■ Kombinationsfähigkeiten ■ Analysefähigkeiten
Leistungsverhalten	■ Einsatzbereitschaft, Motivation ■ Ausdauer, Belastbarkeit ■ Selbstorganisation, Kreativität

Zwischenmenschliche Fähigkeiten	■ Überzeugungs- und Durchsetzungsvermögen
	■ Auftreten, Ausdrucksverhalten
	■ Führungs- und Kooperationsverhalten, Teamfähigkeit
	■ Kontaktverhalten, Einfühlungsvermögen, Sozialverhalten etc.

Diese Fähigkeiten werden anhand unterschiedlicher Einzel- oder Gruppenübungen getestet. Da jeder Arbeitgeber einen anderen Schwerpunkt wählt, hängt die Zusammenstellung der Übungen in einem AC vom Einzelfall ab. Mögliche Übungen und Tests sind zum Beispiel:

- Selbstpräsentation
- Postkorb
- Gruppendiskussionen, Gruppenarbeit
- Rollenspiele
- Planspiele, Projektsimulationen, Fallstudien
- Vorträge
- Interviews
- Computerunterstützte Aufgaben
- Selbst- und Femdeinschätzung
- Fragebogentests (Intelligenz-, Leistungs- und Persönlichkeitstests)

Bei den meisten dieser Übungen gibt es kein Richtig oder Falsch. Es zählen vielmehr Ihr Ansatz, Ihr Denkvermögen, Ihre Kreativität. Sie werden nach dem persönlichen Eindruck bewertet, den Sie hinterlassen. Versuchen Sie daher, ruhig und gelassen zu wirken. Verstellen Sie sich nicht, überzeugen Sie mit Ihrer Persönlichkeit. Dabei achtet ein Assessor etwa auf Folgendes:

- Wie tritt der Bewerber auf? Wie wirkt er? (selbstbewusst, überzeugend, unsicher, scheu, überheblich)
- Ist er belastbar?
- Ist er teamfähig? Welche Rolle nimmt er in der Gruppe ein?
- Kann er eine Führungsrolle übernehmen? Kann er sich auch zurücknehmen?
- Wie reagiert er auf Kritik? Wie geht er mit Kritik um?
- Wie geht er mit Frustration um?
- Wie geht er mit Stress, wie mit Zeitdruck um?
- Kann er delegieren?
- Wie geht er mit Mitarbeitern, Kollegen, Vorgesetzten oder Konkurrenten um?
- Wie vertritt er seine eigene Meinung? Wie eine vorgebenene Meinung?

- Wie ist sein Argumentationsverhalten? Wie sein Diskussionsverhalten?
- Ist er kreativ? Innovativ?
- Kann er sich durchsetzen?
- Wie sieht sein Sozialverhalten aus?
- Ist er loyal? Wann und wem gegenüber?
- Kann er Prioritäten setzen?
- Kann er eine Diskussion steuern, moderieren?
- Kann er sich klar und deutlich ausdrücken?
- Kann er komplizierte Sachverhalte strukturieren, strukturiert darstellen?
- Kann er problemorientiert arbeiten? Probleme lösen?
- Kann er Entscheidungen treffen und diese überzeugend vertreten?
- Kann er sich in andere hineinversetzen?
- Spricht seine Körper die gleiche Sprache?

Denken Sie daran, dass Sie möglicherweise auch außerhalb der einzelnen Übungen unter Beobachtung stehen – in den Pausen, beim Essen, bei privaten Gesprächen.

CHECKLISTE: ASSESSMENT CENTER

Habe ich das richtige Verhalten für ein AC verinnerlicht?	Ja	Nein
Treten Sie überzeugend und offen auf, aber nicht überheblich.	✓	
Äußern Sie sich stets klar und sachlich. Denken Sie gegebenenfalls erst kurz nach.		
Bilden Sie kurze Sätze. Schweifen Sie nicht vom eigentlichen Thema ab.		
Sprechen Sie langsam und überlegt.		
Hören Sie Ihrem Gegenüber aufmerksam zu.		
Schauen Sie Ihr Gegenüber stets an. Halten Sie Augenkontakt.		
Bleiben Sie ruhig, auch wenn Sie provoziert werden.		
Gehen Sie offen und interessiert mit allen Anwesenden um.		
Gehen Sie auf die Argumente der anderen ein.		
Argumentieren Sie sachlich, rational, logisch und nachvollziehbar.		
Achten Sie auf Ihre Mimik und Gestik.		
Achten Sie auf die Reaktionen der andern.		

Gruppendiskussion: Übernehmen Sie die Gesprächsmoderation und versuchen Sie, notfalls wieder Ruhe in die Runde zu bringen.		
Versuchen Sie, in Stresssituationen Ruhe zu bewahren.		
Nutzen Sie Pausen, um wieder zur Ruhe zu kommen.		

Nehmen Sie das Assessment Center nicht auf die leichte Schulter. Bereiten Sie sich darauf gut vor, damit Sie wissen, was auf Sie zukommt. Informieren Sie sich am besten vorab mithilfe von Fachliteratur und simulieren Sie das eine oder andere AC. Viele Institutionen und Universitäten bieten derartige Trainings an. Dort können Sie sich mit dem Prozedere vertraut machen und erfahren, welchen Eindruck Sie bei den Beobachtern hinterlassen.

Die Autoren

Jasmin Hagmann arbeitet als selbstständige Journalistin und Autorin, u. a. für die Süddeutsche Zeitung. Darüber hinaus berät und unterstützt sie Bewerber bei der optimalen Gestaltung ihrer Bewerbungsunterlagen.

Christoph Hagmann ist seit 1996 als Unternehmensberater für accenture tätig. Dort führt er u. a. Auswahlverfahren und Recruiting-Veranstaltungen für Berufseinsteiger sowie für berufserfahrene Bewerber durch.

Bibliografische Information Der Deutschen Bibliothek

Die Deutsche Bibliothek verzeichnet diese Publikation in der Deutschen Nationalbibliografie; detaillierte bibliografische Daten sind im Internet über http://dnb.ddb.de abrufbar.

ISBN 978-3-448-08064-3   Bestell-Nr. 04284-0001

© 2007, Rudolf Haufe Verlag, Freiburg i. Br.
Redaktionsanschrift: Postfach 13 63, 82142 Planegg/München
Hausanschrift: Fraunhoferstraße 5, 82152 Planegg/München
Telefon (0 89) 8 95 17-0, Telefax (0 89) 8 95 17-2 50
Internet: http://haufe.de
Lektorat: Jasmin Jallad

Alle Rechte, auch die des auszugsweisen Nachdrucks, der fotomechanischen Wiedergabe (einschließlich Mikrokopie) sowie der Auswertung durch Datenbanken oder ähnliche Einrichtungen, vorbehalten.

Idee & Konzeption: Dr. Matthias Nöllke, Textbüro Nöllke München
Umschlag- und Buchgestaltung: Barbara Loy, 80689 München
Lektorat und DTP: Text+Design Jutta Cram, 86391 Stadtbergen
Druck: Himmer AG, 86167 Augsburg